Die schönsten

GESCHICHTEN-SÄCKCHEN

für Krippenkinder

Impressum

ISBN: 978-3-96046-207-1

Praxisideen für die Krippe
Die schönsten Geschichtensäckchen für Krippenkinder

Redaktion: Myriam Bork
Texte und Fotos: Sabrina Djogo
Gestaltung und Satz: DOPPELPUNKT, Stuttgart
Druck: Grafik Media Produktionsmanagement, Köln

Klett Kita GmbH
Rotebühlstr. 77
70178 Stuttgart
www.klett-kita.de

Bildnachweis:

Adobestock
S. 10: Kristin Gründler | S. 34: BRAD | S. 55: Ewa Leon

Gettyimages.de
S. 13, 14, 32: Color_life | S. 16: AnnaPoguliaeva | S. 20 los_ojos_pardos | S. 41, 42: n_chetkova | S. 52: Andrii Yalanskyi | S. 77: chaaaim

Privataufnahmen
S. 9: Daniel Probst (www.kindermomente.net)

INHALT

Kapitel 2: Natur und Jahreszeiten

Kapitel 3: Kinderwelten

Kapitel 4: Stadt & Land

EINE GESCHICHTE IN EINEM SÄCKCHEN

Die Idee ist so einfach wie verzaubernd: Ein Stoffsäckchen wird mit Requisiten gefüllt, die gebraucht werden, um eine Geschichte darstellend zu erzählen. Die Geschichte taucht nach und nach beim Erzählen aus dem Säckchen auf und wird vor den Augen der Kinder lebendig. Auch die ganz Kleinen werden gefesselt, spielen die Geschichte immer wieder nach, erzählen sie weiter … Die Geschichte im Säckchen ist also nie fertig, sondern regt die Fantasie der Kinder an.

Geschichtensäckchen im Krippenalltag

Das Geschichtensäckchen ist eine kreative Methode, Geschichten, Lieder, Gedichte oder Fingerspiele durch bildliches Erzählen mit Gegenständen und Bildern zum Leben zu erwecken. Als Baustein der alltagsintegrierten Sprachbildung können Geschichtensäckchen zum Beispiel im Morgenkreis fest in den Betreuungsalltag etabliert werden.

Besonders im U3-Bereich haben Geschichtensäckchen eine magische Wirkung auf Kinder. Egal, ob sie über eine Situation aus ihrem Alltag oder eine Geschichte aus der Tierwelt erzählen: Durch die kreative Umsetzung ist die Aufmerksamkeitsspanne deutlich höher. Schon die Kleinsten hören fasziniert zu und wirken gerne in Form von Bewegungen, Lauten (Tiergeräuschen), Instrumenten oder Frage-Antwort-Spielen während des Erzählens mit. Gereimte Geschichten oder sogenannte Kettenmärchen, also Geschichten, in denen sich eine gleiche Handlung mehrmals wiederholt, werden von den Kindern mit großer Begeisterung mitgesprochen oder nachgespielt.

Tipps zum Erzählen

Führen Sie ein festes Ritual für den Beginn und eines für das Ende der Erzähleinheit ein. Das kann ein einladendes Lied oder ein Bewegungsspiel sein. Zusätzlich können Sie ein wiederkehrendes akustisches Signal (Trommel, Kalimba, Glocke) nutzen. Sorgen Sie für eine angenehme ruhige Umgebung, sodass keine große Ablenkung von außen die Erzählzeit stört.

Alleskönner für den Spracherwerb

Der Einsatz von Geschichtensäckchen fördert die kognitiven Fähigkeiten der Kinder durch das darstellende Erzählen, das Fühlen der Materialien und den daraus entstehenden Dialog. Kinder lernen Sprache durch soziale Interaktion, Imitation, ganzheitlich, unbewusst und intuitiv. Hier bieten Geschichtensäckchen ein perfektes Rundumpaket.

Nicht nur die auditive, sondern auch die visuelle, taktile, vestibuläre, olfaktorische und die gustatorische Wahrnehmung spielen eine große Rolle im Spracherwerb. Geschichtensäckchen mit Sinnesmaterialien unterstützen die Wahrnehmungsentwicklung.

Unsere Sprache ist in erster Linie das Tor zur Außenwelt, sie hilft uns beim Austausch mit unserer Umwelt. Viele einzeln gelernte Wörter formen Sprache, das Sprechen eröffnet eigenständiges Handeln, indem das Kind in Worte fassen kann, was es zum Ausdruck bringen möchte. So können zum Beispiel Ideen, Gefühle oder Bedürfnisse ausgedrückt und benannt werden. Auch die emotionale Entwicklung ist also eng mit der Sprachkompetenz verbunden. Mit jedem erlernten Wort werden die Kinder selbstständiger und erschließen sich die Welt, machen sich ihr Umfeld zu eigen.

Während des Erzählens können Sie die Kinder beobachten und ihren individuellen Spracherwerbsstil (nominal, expressiv oder abwartend) erkennen und dadurch noch gezielter beim Spracherwerb unterstützen.

In diesem Buch finden Sie Geschichten ...

- mit Reimen und Liedern nach bekannten Melodien
- mit vielen Wiederholungen – zum schnellen Nach- und Mitsprechen
- mit Wissen aus Tier- und Umwelt und zu Alltagsphänomenen
- für alle Sinne
- mit Tiergeräuschen
- im Zahlenraum 1 bis 5
- mit Themen aus dem Alltag wie Zähneputzen, Freundschaft, Arztbesuch und Geschwisterchen
- mit passenden Spiel- und Bastelideen
- für die Mundmotorik
- zum Zaubern

Wie man ein Geschichtensäckchen befüllt

Denkbar sind alle möglichen Materialien: Spielfiguren, Alltagsgegenstände, Naturmaterial … Aus einem Stück blauen Stoffs wird ein Meer, ein dunkelgrünes Tuch stellt den Wald dar. Immer dabei ist der Text der Geschichte. Alles zusammen wird im Säckchen verstaut und ist so immer griff- und einsatzbereit.

Als Material eignen sich Spielfiguren aus Gesellschaftsspielen, ausgedruckte, gemalte oder gebastelte Figuren (laminieren), oder selbst gestaltete Figuren aus Fimo. Wichtig ist, dass alle Materialien ästhetisch ansprechend sind. Gerne können auch Materialien gemischt werden: So entsteht noch eine haptische Vielfalt. Bei einigen Geschichten bietet sich auch der Einsatz von frischen Kräutern, Ölen usw. an. Versuchen Sie, immer alle Sinne anzusprechen und die Kinder zum Mitmachen oder Sprechen einzuladen.

Die Säckchen können Sie selbst nähen und mit einer Kordel versehen oder kaufen. Auch ein Korb oder eine Schachtel erfüllt den gleichen Zweck.

Die bei den Geschichten angegebenen Materialien sind als Impulse gedacht. Verwenden Sie Spielfiguren aus Ihrem Vorrat und passen Sie die Geschichten flexibel daran an oder erweitern Sie die Erzählungen nach den Interessen der Kinder: Die Säckchen werden durch das Erzählen lebendig.

Tractor

Zaubersäckchen zur Wortschatzerweiterung

Es muss nicht immer eine ganze Geschichte sein – als Zaubersäckchen, das einzelne Gegenstände birgt, unterstützt es die Erweiterung des Wortschatzes! Legen Sie die betreffende Figur oder den Alltagsgegenstand in das Säckchen hinein. Um das Zaubern noch magischer zu machen, können Sie noch ein paar Glöckchen am Säckchen befestigen, sodass ein leises Klingen beim Schütteln zu hören ist.

Nun sprechen Sie den Zauberspruch – achten Sie auf die passende Körpersprache! Das letzte Wort ist gereimt und kann von den Kindern erraten werden. Holen Sie den Gegenstand dann hervor und besprechen Sie ihn mit den Kindern. Die Gegenstände können im Anschluss auch noch gruppiert werden: Tiere, Pflanzen, Menschen …

Psssst Kinder, jetzt wird es ganz geheim,
wir wollen heute Zaubrer sein.
Mal schauen, was im Säckchen sich verbirgt
und ob unser Zauber wirklich wirkt!
Heute zaubern wir ohne Flammen,
dafür aber alle zusammen:

Ene Mene weiße Möwe,
im Zaubersack ist ein großer **Löwe**.

Ene Mene braun und schwer,
im Zaubersäckchen ist ein **Bär**.

Abra Kadabra geflochtener Zopf,
im Zaubersäckchen ist ein **Küchentopf**.
...

Sabrina Djogo

- Sprachentwicklungsexpertin und ausgebildete Märchenerzählerin
- Pädagogin der frühen Kindheit (U3)
- Dozentin für Literaturpädagogik, QHB
- Kursleitung Literaturangebote U3

@BaumbergerEntdecker

Tiere nah und fern

DER GROSSE NUSSTURM

Die drei Eichhörnchenfreunde Lars, Uwe und Fred haben einen riesigen Turm aus Nüssen gebaut. Der sieht richtig toll aus, besonders auf die Fenster sind die drei richtig stolz.

Lars möchte den Turm unbedingt noch etwas höher bauen. Als er die nächste Reihe Nüsse auflegen möchte, wackelt der Turm und bricht komplett in sich zusammen.

Lars bleibt erschrocken und wie angewurzelt stehen. Plötzlich fängt er an zu weinen. „Jetzt habe ich alles kaputt gemacht!“, schluchzt er.

Uwe legt den Arm um seinen Freund, auch Fred kommt mit einem Lächeln auf ihn zu. „Ist nicht schlimm, Lars! Komm, wir bauen den Turm noch größer und schöner wieder auf!“

Und so lachen alle drei Freunde und beginnen mit dem Aufbau des Turms.

MATERIAL

- 3 Eichhörnchen, verschiedene Nüsse, evtl. etwas Knete als Kleber

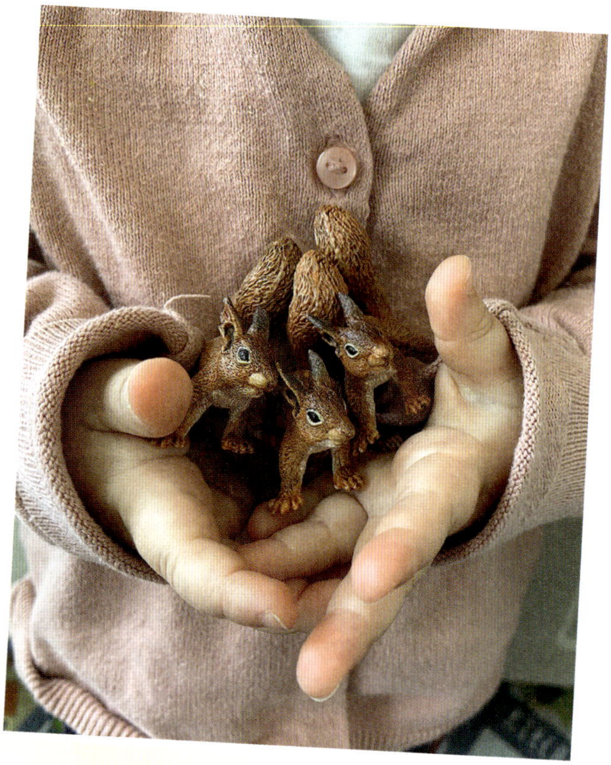

EIN MARIENKÄFER KLITZEKLEIN

Ein Marienkäfer klitzeklein
möchte gerne größer sein.

Er flattert auf und nieder,
immer wieder, immer wieder.

Niemand kann mich sofort sehen
und bleibt zum „Hallo"-Sagen stehen.

Drum möchte ich gern größer sein
und krabble in das Zaubersäckchen rein.

Das Säckchen, das rappelt und zappelt und ganz plötzlich hört es auf.
Und schon kommt ein großer Marienkäfer hinaus.

Er fliegt wie eben auf und nieder,
immer wieder, immer wieder.

Wir sagen alle: „Hallo Marienkäfer, wir können dich sehn,
werden nie mehr einfach an dir vorbeigehn".

Und so geht's:

Der große Marienkäfer bleibt von Anfang an im Erzählsäckchen und wird erst nach dem Zauber hervorgeholt. Wenn Sie die Säckchen selbst nähen, planen Sie eine Zwischenwand mit ein, in der der entsprechende Käfer verschwinden kann.

MATERIAL

2 identische Marienkäfer in zwei Größen

DAS SCHNECKENRENNEN

MATERIAL

4 Schnecken, 1 großer Stein, 1 Röhre, 1 Vogel

Wenn vier Schnecken zusammen am Wegesrand stehen,
dann muss es um ein Schneckenrennen gehen.

Seid alle still und gebt gut acht,
die Schnecken laufen nämlich mit Bedacht.

Die Erste möchte schneller sein,
drum nimmt sie die Abkürzung über den Stein.

Der Zweiten ist es viel zu laut, sie entkommt dem Rummel
und läuft durch den Baustammtunnel.

Der Dritten geht das nicht schnell genug,
sie ruft ihren Freund, den Vogel, und beendet das Rennen im Flug.

Die Vierte wird als Letzte Erste sein,
jetzt feiern sie alle zusammen im Siegesschein.

AM LIBELLENTEICH

Als die warme Sonne lacht,
ist die Libelle aufgewacht.

Die Libelle streckt ihre Flügel aus
und fliegt auf den Teich hinaus.

Zuallererst muss sie was fressen,
auf ihrer Suche lässt sie sich nicht stressen.

Danach fliegt sie zu ihrem Freund,
der sitzt auf einem großen Blatt und träumt.

Sie fliegen hin und fliegen her,
denn das gefällt den beiden sehr.

Sie fliegen rauf und sie fliegen runter,
das macht Libellen munter.

Auch im Kreis fliegen kannst du sie sehn,
bis sie plötzlich ganz still in der Luft stehn.

Die Sonne rät den beiden nun,
sich ein wenig auszuruhn.

Drum fliegen sie zum größten Blatt,
jetzt sind sie aber müd und matt.

Sie liegen und sie schlafen ein,
du hörst sie schnarchen im Mondenschein.

Sie träumen vom Spielen, Fangen und Fliegen
und auch vom In-der-Sonne-Liegen.

Und nur damit ihr es sicher wisst,
die Libelle das Symbol für Freundschaft ist.

MATERIAL

2 Libellen, ggf. Glöckchen,
blaues Jongliertuch (Teich)

Tipp:

Hier können Sie wunderbar kleine Glöckchen oder andere Instrumente einsetzen, die von den Kindern gespielt werden, wenn die beiden Libellen fliegen.

GLÜHWÜRMCHEN-NÄCHTE

In warmen Sommernächten kannst du sie
auf Wiesen und Feldern sehen.
Kommt, wir wollen auf einen Spaziergang
gehen.

Oh, dort drüben in der Gerste
seh ich schon das Erste!
Es schwebt und tanzt gar in der Luft,
riecht ihr auch den milden Blumenduft?

Dort drüben, auf der anderen Seite,
da leuchtet schon das Zweite.
Es ruht auf dem Grashalm am Wegesrand,
ganz in der Nähe vom duftenden Blumen-
band.

Und schau nur, auf der Lichtung in der
Mitte,
dort fliegt das Dritte.
Es fliegt große und kleine Kreise,
dabei ist es ganz still und leise.

MATERIAL

fluoreszierende Steine (mit Taschenlampe „aufladen"), abgedunkelter Raum

Schauen wir noch weiter? Was ist denn
das für ein Tier?
Richtig, das ist Glühwürmchen Nummer
vier.
Das sitzt ganz entspannt auf einem Stein
und genießt den Mondenschein.

Das Fünfte leuchtet plötzlich auf und
spricht: „Lasst uns alle zusammen fliegen
und uns im süßlichen Sommerwind wiegen!"

Ein, zwei, drei, vier, fünf Glühwürmchen
schweben nun leise fort –
schon morgen sind sie an einem anderen
Ort.
Fünf, vier, drei, zwei, ein Glühwürmchen
haben wir leuchten sehen,
doch nun müssen auch wir wieder nach
Hause gehen.

EIN TAG IM LEBEN EINES MISTKÄFERS

Jan ist ein Mistkäfer, der in einem tiefen Stollen im Waldboden wohnt. Heute wartet viel Arbeit auf Jan. Die Vorratskammern sind leer und er muss neues Futter sammeln und zurück in den Stollen bringen.

Jan krabbelt eine ganze Weile über den Waldboden und hält Ausschau – das Tier, das er sucht, ist viel größer als er!

Jan hält abrupt an. Er kann die Herde in der Ferne hören: Muhhhhh.

Schnell krabbelt er über Steine und Stöcke, bis er sein Ziel erreicht: einen frischen, schönen, duftenden Kuhfladen.

Jetzt beginnt der schönste Teil seiner Aufgabe. Er sammelt ein wenig vom Kuhfladen auf und formt eine kleine Kugel daraus.

Diese Kugel ist aber noch viel zu klein, sodass Jan den Vorgang wiederholt und immer wieder zum Kuhfladen krabbelt, um Nachschub zu holen und seine Kugel zu vergrößern.

Nach kurzer Zeit ist die Kugel so groß und schwer, dass Jan sie nicht mehr einfach bewegen kann. Um die Kugel sicher in seinen Stollen zu bringen, muss er auf ihr laufen und sie so nach Hause rollen.

Jan kennt die Wege im Wald in- und auswendig. Auf gerader Strecke rollt er die Kugel schnell und in Kurven langsam, bis er endlich zu Hause ankommt.

Nun kommt ihm seine Freundin Jane zu Hilfe. Gemeinsam zerpflücken sie die große Kugel und bringen Stück für Stück in ihren Stollen und füllen ihre Vorratskammern wieder auf.

Tipp:

Gestalten Sie ein großes Bodenbild und lassen Sie den Käfer mehrmals mit der Kugel über den Weg rollen. Hier können auch die Präpositionen benannt werden.

MATERIAL

1 Käfer, braune Pompons in verschiedenen Größen, Steine, Stöcke, Laub und Stoffe für das Bodenbild, Bäume

DIE FLIEGE AUF FUTTERSUCHE

Die kleine Fliege fliegt über Wald, Wiesen und Feld.
Sie folgt ihrer Nase und dem Duft, der ihr so sehr gefällt.

Ich kann es riechen (schnuppern), ist es hinter diesem Stein?
Es wird wohl nicht hoch oben in den Baumkronen sein!?
Da, endlich hab ich es entdeckt,
mal schauen, ob es auch gut schmeckt.
Hier war sicher ein Dachs am Werk,
so ein perfekter Kugelberg.

Da, es liegt noch etwas anderes in der Luft!
Kinder, ich kenne diesen Duft.
So süßlich und ich kann ihn schon von hier erspähen,
er ist mit vielen Beeren versehen.
Dieses Tier ist stets allein,
es kann nur der Baummarder sein.

Und zu guter Letzt kommt noch ganz frisch,
etwas Nachtisch auf den Tisch.
Dafür muss ich ein Stück weiterfliegen,
dort hinten seh ich ihn schon liegen.
So rund und klein,
kann das nur vom Igel sein.

Jetzt bin ich satt und geh zur Ruh,
flieg hoch in den Baum und mach die Augen zu.

MATERIAL

Fliege, grünes Jongliertuch (Wald), Fimo (um die unterschiedlichen Kotvarianten zu basteln)

AUCH FENNEKS MÜSSEN ZÄHNE PUTZEN

Leo und Johanna, die zwei süßen Fenneks, sitzen vor ihrem Bau und fressen die letzten Reste von ihrem Frühstück. Heute gab es Eier zum Frühstück, die mögen die beiden besonders gerne.

Nach dem Essen wandern sie mit ihrer Mutter zum Wasserloch. Dort liegen die besten und größten Stöcke weit und breit rum.

Leo und Johanna suchen sich zwischen all den Stöcken einen aus. Sie schnuppern mal an diesem und laufen dann weiter zum nächsten – bis jeder endlich einen gefunden hat.

Nun beobachtet ihre Mama sie beim Nagen, denn durch das Annagen des Stockes putzen die zwei kleinen Fenneks ihre Zähne. Das ist wichtig, damit sie keine Löcher in ihren Zähnen bekommen.

Nun sind die Zähne von Leo und Johanna blitzeblank und die beiden dürfen wieder mit ihren Freunden spielen und toben gehen.

Tipp:

Ersetzen Sie die Figuren durch Handpuppen und stellen Sie damit das Zähneputzen nach.

MATERIAL

2 Fenneks (alternativ Fuchsfiguren oder Handpuppen), kleine Stöcke, blaues Jongliertuch (Wasserloch), gelbes Tuch (Bau), Eier

DER TUKAN SONNT SICH

In seiner Baumhöhle sitzt das Tukanküken
und sonnt sich voller Wonne
in der warmen Mittagssonne.

Der große Schnabel ist bunt und wunderschön,
den kann jeder schon von Weitem sehn.

Sein Gefieder im schwarzen Gewand zeigt nur am Kragen
noch viele andere leuchtende Farben.

Weiß, Orange, Rot, Gelb und Grün,
doch zum Fliegen muss er sich bemühn.

Er springt viel lieber hin und her,
das fällt dem Tukan gar nicht schwer.

Nur zum Baden fliegt der Tukan von oben
in die Pfütze auf den Boden.

Beeren pflückt er mit seinem Schnabel - dem langen,
wirft sie hoch in die Luft und kann sie elegant fangen.

Der Regenwald ist dafür der ideale Ort,
Beeren zu werfen ist Tukansport.

Und abends, wenn vorbei ist der Trubel,
rollt er sich zusammen wie eine Kugel.

MATERIAL

Tukan (alternativ als Handpuppe/Kuscheltier), Pompon (Beere), blaues Jongliertuch (Pfütze), braunes Jongliertuch (zusammengeknüllt zur Baumhöhle/Ast)

EISIGE VÖGEL

Fünf Eisvögel fliegen ganz geschwind
im kühlen frischen Sommerwind.
Sie fliegen hin und fliegen her,
das fällt Eisvögeln gar nicht schwer.

Vier Eisvögel fliegen hoch hinauf,
fliegen hoch bis in die Baumkronen rauf.
Fliegen dort um die Äste,
dabei haben sie sehr viel Schwung.

Drei Eisvögel fliegen nun schnell und munter
wieder herab zur Erde hinunter.
Singen dabei auf ihre Weise,
unten angekommen, sind sie ganz leise.

Zwei Eisvögel fliegen am Wasser entlang,
und halten Ausschau nach Fischen, die man
fangen kann.
Sie stürzen ins Wasser und tauchen tief ein,
im Schnabel zwei Fische winzig klein.

Ein Eisvogel fliegt jetzt direkt nach Haus
und ruht sich in seiner Nesthöhle aus.
Er schläft und träumt dabei vom Wind,
der ihn beim Fliegen beschleunigt geschwind.

MATERIAL

5 Vögel, Bäume, blaues Jongliertuch (Wasser), Fische, braunes Jongliertuch (Nest)

Tipp:

Diese Geschichte lässt sich auch gut als Fingerspiel erzählen.

DIE FARBQUALLEN

MATERIAL

2 kleine Quallen (blau, grün),
2 große Quallen (gelb, grün)

Eine blaue Qualle schwimmt im Wasser auf und ab,
hält dabei ihre gelbe Freundin auf Trab.

Sie schwimmen um die Wette, mal hin und mal her,
flitzen durchs Wasser kreuz und quer.

Die eine ist groß und die andere klein,
dennoch wollen sie beste Freunde sein.

Sie schwimmen im Wasser mal langsam und mal schnell,
ihre Körper glitzern und schimmern hell.

Sie flitzen beide ins Säckchen hinein –
Beide Figuren im Säckchen verschwinden lassen.

es humpelt und rumpelt, sie toben ganz kühn
Das Säckchen mehrfach hin- und herbewegen.

und als sie wieder rauskommen, sind beide grün.

DIE WOMBATS SIND LOS

MATERIAL

2 Wombats, grüner Filz/ Moosgummi, Permanentmarker, Stein, Würfelchen

Die zwei Wombats Maxi und Mika spielen zusammen auf der weiten Wiese Fangen.

Maxi darf als Erstes fangen – sie zählt langsam bis drei. Mika bekommt dadurch einen kleinen Vorsprung. Mika rennt zielstrebig gerade aus: 1, 2, 3.
Bis drei zählen, Wombat Mika eine gerade Linie nach vorne bewegen.

Mika ist schon ein ganzes Stück vorgelaufen, doch Maxi ist schnell und holt bald auf. Mika versucht, Maxi abzuhängen, indem er Zickzack-Linien läuft. Aber Maxi ist fit und holt immer weiter auf.
Beide Wombats im Zickzack hintereinander herrennen lassen.

Mika ändert seine Taktik und beginnt, in Schlangenlinien vor Maxi davonzurennen. Aber Maxi ist fit und holt immer weiter auf.
Beide Wombats in Schlangenlinien hintereinander herrennen lassen.

Auf einmal ruft Mika „Halt, stopp, ich muss ganz dringend aufs Klo." Maxi wird langsamer und kommt entspannt auf Mika zu.

„Ok, gehen wir wieder zum großen Stein?", fragt sie. Und schon gehen die beiden los.

Am Stein angekommen, geht jeder von ihnen auf eine Seite des Steins. Als sie fertig sind, liegen überall kleine Würfel.

Plötzlich läuft Mika los: „Ich bin Erster!" Er stürmt wieder zurück auf die Wiese und verschwindet dann im Dickicht. Maxi läuft ihm nach und ist ganz bald auch nicht mehr zu sehen.

Schon gewusst?

Wombatkot ist kubisch, das ist einzigartig! Warum das so ist, ist bisher noch nicht ganz geklärt. Man geht davon aus, dass der Druck und die Elastizität des Darms etwas damit zu tun haben.

Und so geht's:

Malen Sie mit Permanentmarker die unterschiedlichen Lauflinien auf grünem Filz oder Moosgummi. So können die Kinder den Weg auch sehen.

PFEIFHASE MATEO IST TRAURIG

MATERIAL

2 große Hasen, 1 mittlerer Hase, 1 kleiner Hase, verschieden große Steine

Bisher hat der kleine Pfeifhase Mateo mit seinen Eltern allein in der gemütlichen Höhle zwischen den schroffen Steinen gewohnt. Doch seit neuestem hat er eine kleine Schwester, Lina. Die bringt einfach alles durcheinander.

Wenn Papa Pika morgens auf Futtersuche geht und das steile Gebirge Richtung Waldwiese runterklettert, hat Mama Pika ganz oft die kleine Lina im Arm.

Das macht Mateo so wütend, dass sein Bauch anfängt, wehzutun, und heiße Tränen seine Wangen runterlaufen. Früher verbrachte Mama Pika viel mehr Zeit mit ihm.

Mama Pika hat Mateos Tränen bemerkt. Sie kommt zu ihm rüber gehüpft und legt Lina neben sich auf dem Boden ab. „Komm mal her, Mateo", ruft sie ihn.

Mateo bleibt noch eine kurze Weile regungslos stehen, dann läuft er in die ausgestreckten Arme seiner Mama. „Mateo, ich hab dich und Lina so lieb. Aber weißt du, Lina ist noch so klein, sie muss noch ganz viel in meiner Nähe sein – so wie du früher. Jetzt bist du mein großer Junge und weißt du noch was? Du bist auch ein richtig toller großer Bruder! Lina hat Glück, so einen tollen großen Bruder wie dich zu haben."

Mateo löst sich aus der Umarmung seiner Mama und strahlt sie an: „Ich bin ein toller großer Bruder!"

„Ja, das bist du! Und wenn du schmusen möchtest, dann komm einfach! In meinen Armen ist immer für euch beide Platz!"

DER DINO WILL DAS MEER SEHEN

Ein Dino möchte spazieren gehn,
hoch auf den Berg, denn er möchte Meer und Sonne sehn.

Er wandert auf den steilen Berg
und fühlt sich plötzlich wie ein Zwerg.

Die Bäume links und rechts sind groß,
der Boden voller Gras und Moos.

Es wird immer grüner und auch dichter,
doch – dort hinten wird es lichter.

Dort ist ein Fenster und man kann etwas sehn,
da möchte der Dino gleich hingehn.

Das Meer und die Sonne glitzern so schön,
was für ein Ausblick aus diesen Höhn.

Der Dino lehnt sich an einen Baum
und genießt die Aussicht: ein Bild wie ein Traum.

MATERIAL

1 Dino, Blätter, Blumen, Moos, Bäume, grünes Jongliertuch (Gras), graues Jongliertuch (Berg), blaues Jongliertuch (Meer)

DAS KANINCHEN-NASENBEUTLER-PUZZLE

Heute suchen wir ein Tier! Ich gebe dir Hinweise, davon gleich vier:

1. Das Tier, das wir suchen, hat zwei lange Ohren, mit denen es sehr gut hören kann.
Ohren aus dem Säckchen hervorholen und auf den Boden legen.

2. Das Tier hat eine lange Nase, mit der es gut riechen kann.
Nase aus dem Säckchen hervorholen und an die Ohren anlegen.

3. Das Tier hat einen runden Körper mit einem langen Schwanz.
Das Bild vom Körper dazu legen.

4. Zwei lange Beine hinten und zwei kräftige Vorderbeine zum Graben hat es auch.
Die Beine dazulegen.

MATERIAL

Foto von einem Kaninchennasenbeutler in DIN A3 ausdrucken, laminieren und zuschneiden: Ohren, Nase, Körper, Beine

Schon gewusst?

Kaninchennasenbeutler haben mit nur 14 Tagen eine der kürzesten Tragzeiten aller Säugetiere. Die Jungtiere verbringen im Anschluss rund 80 Tage im Beutel der Mutter. Der Kaninchennasenbeutler geht nachts auf Futtersuche. Dann gräbt er mit seinen kräftigen Vorderbeinen Insekten und deren Larven aus der Erde aus. Er lebt in einem selbstgegrabenen Bau in den Waldgebieten Australiens. Und mit seiner spitzen langen Nase ist der Kaninchennasenbeutler in Australien der Osterhase!

DAS GROSSE KLIPPSCHLIEFER-QUIETSCHEN

Klippschliefer sind Meerschweinchen-ähnliche Tiere, die in größeren Kolonien zusammenleben. Sie haben eine eigene Sprache und können sich wunderbar unterhalten.

Sie brummen, quieken, knurren und schnauben ganz viel. So tauschen sie wichtige Informationen aus.

Sie bellen, wenn Gefahr (z. B. ein Greifvogel) droht und versuchen so, sich gegenseitig zu schützen.

Die Mamas geben einen weinenden Laut von sich, wenn sie ihre Jungtiere rufen.

Die Jungtiere machen ein zwitscherndes Geräusch, wenn sie Milch trinken möchten.

Nun weißt du, wie Klippschliefer miteinander sprechen. Während wir zum Abschied nicken, hörst du den Klippschliefer klicken.

MATERIAL

Fotos der Tiere in DIN A6 ausdrucken, laminieren, ausschneiden und auf Korken kleben, Figur eines großen Greifvogels, Jongliertücher und Steine, um ein Bodenbild zu legen

IM AMEISENHAUFEN

MATERIAL

Ameisen, Ameiseneier

Heute schauen wir uns einen Ameisenhaufen an. Hat einer von euch schon mal einen Ameisenhaufen im Wald gesehen?

Die können richtig hoch werden und es leben dort ganz viele Ameisen zusammen.
Von außen führt ein gut bewachter Weg in den Ameisenhaufen hinein. Dort stehen mehrere Ameisen, die Wache halten: Hier kommt kein Fremder rein!

Wenn man durch den Eingang hindurchgeht, sind überall Gänge. Wie kleine Straßen führen sie durch den Ameisenhaufen bis tief unter die Erde.

Im Ameisenbau gibt es ganz unterschiedliche Kammern:
Es gibt Kammern für Futter.
In einer Kammer lebt die Königin.
Eine Kammer ist für die Eier.
Und es gibt eine Kammer, in der die geschlüpften Larven von den Arbeiterinnen mit Futter versorgt werden.

Das Futter sucht ein großer Trupp von Ameisen. Dafür gehen die Ameisen in einer endlos langen Reihe nacheinander aus dem Ameisenhaufen hinaus und suchen Insekten, Blätter und auch Fallobst, das sie zerkleinern und zurück in den Haufen transportieren. Ameisen sind richtig stark und können große und schwere Sachen tragen.

Wenn die Ameise mit dem Futter durch den Haupteingang getreten ist, bringt sie es in die Speisekammer. Dann geht sie wieder hinaus, reiht sich wieder in die lange Reihe ein und geht erneut auf Futtersuche.

Materialtipp:

Für diese Geschichte eignen sich besonders gut Figuren oder Fotos vom Lebenszyklus der Ameise. Der Stoff des Geschichtensäckchens kann von innen wie ein Ameisenbau bemalt werden: Gänge, Brutkammer, Raum der Königin, Weg nach oben, Vorratskammern usw. Beim Erzählen wird das Säckchen umgestülpt.

Die Figuren und der aufgemalte Ameisenbau können mit Klettverschlusspunkten versehen werden. So können Sie die Eier zum Beispiel in die Brutkammer „kleben" und der Entwicklungsweg der Ameise wird sichtbar.

Was ist das für ein Tier?

MATERIAL

Tierfiguren, Filz, Stoffstifte

Ein *(Hase)* hoppelt über das Gras auf der Suche nach etwas zu fressen. Die Nase wackelt schnell auf und ab. Ach, jetzt hat er Klee entdeckt, den er sogleich mümmelt.

Ein *(Huhn)* scharrt mit seinen Füßen über den Boden. Danach stolziert es mit wackelndem Kopf über die Wiese, bis es gackernd im Stall verschwindet. Dort legt es ein Ei.

Das *(Schaf)* ist mit vielen Artgenossen auf einer Weide. Dort frisst es Gras, döst in der Sonne und klettert sogar auf Baumstämme. Die Herde hört man schon von weitem mähen.

Der *(Esel)* steht stur auf einer Stelle und lässt sich nicht sagen, wann er gehen soll. Sein lautes „Iah" ist einzigartig und ihr wisst bestimmt, welches Tier das ist?

Der *(Braunbär)* wandert lange Strecken über Berge und Wälder. Er reibt sich gerne seinen haarigen Rücken an einem Baumstamm.

Der *(Elefant)* kann mit seinem Rüssel etwa 10 Liter Wasser auf einmal festhalten, bevor er sie trinkt oder wie eine Dusche über sich absprüht.

Eine *(Galapagos-Riesenschildkröte)* ist sehr langsam auf ihrer Futtersuche. Obwohl sie nur Gräser, Kräuter, Früchte und Kakteen frisst, wiegt sie zwischen 200 und 300 kg und wird bis zu 150 Jahre alt.

Und so geht's:

Das entsprechende Tier wird erraten und aus dem Säckchen geholt. Ergänzen Sie das Säckchen durch weitere Tiere, die die Kinder gerade beschäftigen. Das können auch Feuerwanzen, Hunde, Katzen oder Vögel sein.

Tipp

Gestalten Sie aus dünnem Filz und Stoffstiften eine entsprechende Lebensumgebung der Tiere. So können alle Tiere zusätzlich ihrem Habitat zugeordnet werden. Fußabdrücke können z. B. mit Stempeln auf den Filz gedruckt werden.

FÜNF KLEINE BIENEN

MATERIAL

5 Bienen, 5 Blumen
(gelb, rot, lila, rosa, blau)

Fünf kleine Bienen fliegen umher,
da summt die Erste: „Ich bin müde, ich kann nicht mehr,
ich ruh mich auf der **gelben** Blume aus,
wir treffen uns später wieder zu Haus."

Vier kleine Bienen fliegen umher,
da summt die Zweite: „Ich bin müde, ich kann nicht mehr,
ich ruh mich auf der **roten** Blume aus,
wir treffen uns später wieder zu Haus."

Drei kleine Bienen fliegen umher,
da summt die Dritte: „Ich bin müde, ich kann nicht mehr,
ich ruh mich auf der **lila** Blume aus,
wir treffen uns später wieder zu Haus."

Zwei kleine Bienen fliegen umher,
da summt die Vierte: „Ich bin müde, ich kann nicht mehr,
ich ruh mich auf der **rosa** Blume aus,
wir treffen uns später wieder zu Haus."

Eine kleine Biene fliegt allein umher,
sie summt vor sich hin: „Ich bin müde, ich kann nicht mehr,
ich ruh mich auf der **blauen** Blume aus,
später treffe ich alle wieder zu Haus."

STORCHENGEKLAPPER

Zwei wunderschöne Störche spazieren hin und her,
spazieren hin und her.
Klappern mit dem Schnabel, das ist gar nicht schwer.

Zwei wunderschöne Störche flattern auf und ab,
flattern auf und ab.
Wackeln mit dem Popo, sind ganz bald schon platt.

Zwei wunderschöne Störche gehen jetzt zur Ruh,
gehen jetzt zur Ruh.
Machen hoch oben im Horst die Augen zu.

(Melodie: Alle meine Entchen)

MATERIAL

2 Störche, Klanghölzer (zum Klappern)

MIT HASE TIM IM WALD

Wolltet ihr auch schon einmal wissen, was ein Feldhase alles frisst? Das ist Tim, ein schöner Hase mit zwei langen Löffeln, so nennt man die Ohren, und einer Blume, das ist der Schwanz.

Er ist immer draußen unterwegs und hat keinen Bau oder ein Nest. Tagsüber ruht er sich oft in gut getarnten Sassen auf dem Boden aus.

Am allerliebsten ist er in der Dämmerung und nachts unterwegs. Heute nimmt er uns mit auf seine Runde und zeigt uns, was er frisst.

Zuerst hoppelt Tim auf die saftig grüne Wiese zu – hopp, hopp, hopp – hier lässt er sich ein paar Gräser schmecken.

Mhhhhh, was riecht denn hier so gut? Und schon hoppelt er weiter – hopp, hopp, hopp – zu ein paar Wildkräutern, die am Wegesrand wachsen.

Hinter der nächsten Biegung – hopp, hopp, hopp – kannst du schon ein gegrabenes Loch im Waldboden entdecken. Dort lässt Tim sich Wurzeln und Knollen schmecken.

Im Herbst und im Winter ist sein Tisch nicht so reich gedeckt. Da futtert Tim Samen, Knospen, Holz und Rinde – die auch gut schmecken. Aber nun ist er satt und legt sich in seiner Sasse zur Ruh, vielleicht macht er auch mal kurz die Augen zu!

MATERIAL

Hase, braunes Jongliertuch (Sasse), grünes Jongliertuch (Wiese), Pannesamttücher (Waldboden), Äste, Steine, getrocknete Samen, Knospen, Rinde, Wildkräuter und Gräser

Schon gewusst?

Der Feldhase hat weder ein Nest noch eine Höhle, sondern verbringt seine Tage in sogenannten Sassen – das sind flache Mulden zwischen Ackerfurchen, in Hecken oder hohem Gras.

DER KÜKENSPAZIERGANG

Fünf kleine Küken sitzen im Nest,
fünf kleine Küken stehen auf zum Test.

Fünf kleine Küken wollen mit ihrer Glucke über die Wiese spazieren gehen,
da bleibt das erste Küken zum Würmerpicken stehen.

Vier kleine Küken wollen mit ihrer Glucke über die Wiese spazieren gehen,
da bleibt das zweite am Beerenstrauch stehen.

Drei kleine Küken wollen mit ihrer Glucke über die Wiese spazieren gehen,
da bleibt das dritte zum Planschen an einer Pfütze stehen.

Zwei kleine Küken wollen mit ihrer Glucke über die Wiese spazieren gehen,
da bleibt das vierte fasziniert stehen,
es beobachtet einen Schmetterling im Wind
und merkt nicht, wie die Zeit zerrinnt.

Ein kleines Küken ist mit seiner Glucke allein,
da piept es ganz laut, dreht sich nach hier und nach da,
schon sind alle wieder beisammen – die ganze Hühnerschar.

MATERIAL

Henne, 5 Küken, grünes Jongliertuch (Wiese), Strauch, blaues Jongliertuch (Pfütze), Schmetterling

Natur und Jahreszeiten

JAHRESZEITEN DER BÄUME

MATERIAL

Baumstamm aus Tonkarton, grüne Blätter, Knospen, Bienen, Schmetterlinge

Frühling

Im Frühjahr, wenn die Sonne länger scheint,
das erste Grün aus den Ästen keimt.

Immer schneller und immer mehr Blätter
bedecken den Baum kreuz und quer.

Schon bald siehst du zwischen den Spitzen
einige Knospen aufblitzen.

Ihr süßlicher Duft verbreitet sich in der Luft.

Kurz darauf fliegen die ersten Bienen und Schmetterlinge vorbei
und stärken sich an der duftenden Leckerei.

Wie schön der erste warme Wind durch die Äste weht
und der Baum wieder im satten Grün vor uns steht.

Sommer

Im Sommer sind die Baumkronen saftig grün
und du kannst wunderbar unter ihnen sitzen,
doch wusstest du, dass auch Bäume schwitzen?

Wenn es richtig heiß ist, kannst du es fühlen,
wie die Bäume ihre Umgebung kühlen.

Auch viele Tiere nutzen den Schatten aus
und ruhen sich tagsüber im und unterm Baum aus.

Vögel und andere Tiere siehst du in den Ästen springen
und hörst, wie sie dann und wann ein Liedchen singen.

Und schaust du an den Bäumen hinauf,
entdeckst du Blüten und Knospen zuhauf.

Schon ganz bald sind die Früchte reif und groß,
schmecken im Kuchen, Kompott oder pur ganz famos.

MATERIAL

Baumstamm aus Tonkarton, grüne Blätter, Vögel, Blüten, Früchte

MATERIAL

Baumstamm aus Tonkarton, grüne Blätter, Herbstlaub

Herbst

Im Herbst sind am Baum noch viele Blätter dran,
an denen man eine Veränderung beobachten kann.

Nach einiger Zeit, ihr glaubt es kaum –
hängt kein einziges grünes Blatt mehr am Baum.

Jedes von ihnen leuchtet in Rot, Orange, Braun oder Gelb,
schon bald jedes einzelne von ihnen zu Boden fällt.

Wenn der Wind durch die Baumkronen fegt
und dabei jedes einzelne Blatt bewegt,
fallen auf einmal Blatt für Blatt, alle Blätter zur Erde hinab.

Nun hat der Baum keine Blätter mehr,
nur noch seine Äste wehen im Herbstwind hin und her.

Winter

Im Winter ist der Baum ganz kahl,
braun ist der Blick in Berg und Tal.

Doch wird es dann frostig kalt,
verwandeln sich die Wälder in einen magischen Winterwald.

So siehst du bereits im Dunkeln
auf allen Ästen etwas funkeln.

Und erwacht die Sonne am nächsten Tag,
glitzern Millionen Schneeflocken weiß und zart.

Machen sich an jeder Stelle breit,
jeder Baum erstrahlt in einem anderen Winterkleid.

Und wird die Sonne wieder stärker
und wärmt auf dem Baum jeden Fleck,
schmilzt der Schnee und ist ganz schnell wieder weg.

MATERIAL

Baumstamm aus Tonkarton, Watte, Glitzer (Schnee)

DER SANDSTURMMANN

Der Sandsturmmann Lothar ist kräftig und stark,
wird er wütend, fängt er an sich zu drehen,
dann kannst du die Sandkörner in der Luft aufsteigen sehen.

Der Strudel wird immer schneller, dunkler und breiter,
dann zieht der Sturm auch ganz schnell weiter.

Er trägt und besteht aus so viel Sand,
dass er aussieht wie eine schnelle goldene Wand.

Seine Kraft ist gewaltig und kaum zu beschreiben,
bei so einem Sturm muss man sich verstecken oder zu Hause bleiben.

Aber wenn Lothar sich abreagiert hat, kommt er zur Ruh,
dann verschwindet der Sandsturm sofort im Nu.

Nun lacht er wieder über das ganze Gesicht,
bis er zum nächsten Sandsturm ausbricht.

MATERIAL

Sensorikflasche mit
Wasser und Sand,
ggf. goldener Glitzer

DIE ZYKLONFEE TANZT

Zyklonfee Anika lebt weit draußen über dem offenen Meer,
sie liebt die Luft und die Aussicht sehr.

Nur manchmal, da wird es ihr zu warm,
dann fliegt sie Kreise in immer größerer Bahn.

Schon bald bildet sich um sie herum
eine tosende, sich drehende Wolkenwand,
doch innen bei Anika ist es leise und stumm.

So tanzt sie als Zyklon über das weite Meer auf und ab,
bis sich die Luft wieder abgekühlt hat.

Danach ist Anika wieder fröhlich und munter,
schwebt über die Wasseroberfläche rauf und runter.

Manchmal taucht sie auch ins kühle Nass hinein,
aber ihre Freundschaft zur Natur soll ihr Geheimnis sein.

MATERIAL

Fee, blaues Jongliertuch (Meer), weiße und graue Jongliertücher (Wolken)

DEM VOGEL IST'S ZU HEISS

MATERIAL

3 Vögel, braune Jonglier-tücher (Ast, Nest)

Drei Vögel sitzen hoch oben im Baum
zusammen im Nest.

Der erste Vogel erwacht und streckt die Flügel aus:
„Heute probiere ich das Fliegen aus!"
Er geht mit den Füßen bis zum Rand
und lässt sich dann fallen aus dem Stand.
Ein Flügelschlag hin und ein Flügelschlag her,
Fliegen findet er gar nicht schwer.

Der zweite Vogel erwacht und streckt die Flügel aus:
„Heute probiere ich das Fliegen aus!"
Er geht mit den Füßen bis zum Rand
und lässt sich dann fallen aus dem Stand.
Ein Flügelschlag hin und ein Flügelschlag her,
Fliegen findet er gar nicht schwer.

Der dritte Vogel erwacht und streckt die Flügel aus:
„Heute probiere ich das Fliegen aus!"
Er geht mit den Füßen bis zum Rand – und es passiert nichts.
„Boah!", sagt der Vogel, „was ist das für eine Hitze,
ich kann nicht fliegen – ich schwitze!

Zum Abkühlen meiner Glieder,
puste ich auf mein Gefieder.
Und weht hindurch der Wind,
kühl ich ab – ganz geschwind!

Nun bin ich bereit und geh zum Rand,
breite aus die Flügel und lass mich fallen aus dem Stand.
Ein Flügelschlag hin und ein Flügelschlag her,
Fliegen finde ich gar nicht schwer."

Jetzt siehst du die drei in Büschen und Bäumen sitzen,
wie sie spielen und Beeren stibitzen.

GEWITTERZWERG ERIK

MATERIAL

blaue, gelbe, goldene, silberne Jongliertücher (Blitz), Trommel (Donner)

Gewitterzwerg Erik mag es laut und grell,
wenn er zu Besuch kommt, dröhnt und leuchtet der
Himmel meist hell.
Mit den Fingern leicht auf die Trommel tippen.

Heute besucht er im Wald seinen Freund Fritz,
dort sehen wir dann auch schon den ersten Blitz.

Der Donner ist ein, zwei, drei Sekunden später zu hören,
doch davon lässt sich Fritz nicht stören.
Mit der Handfläche auf die Trommel klopfen.

Da lacht er Erik fröhlich an:
„Wie gut ich dich schon von weitem hören kann!"

Ein langer heller Blitz hier und ein kurzer Blitz dort,
das Dröhnen des Donners folgt meist sofort.

Mein lieber Freund, wie schön dich zu sehn,
mach für uns einen großen Blitz und wir zählen
gemeinsam bis zehn.
Nach dem Zählen klopfen alle Kinder auf ihre Trommel.

EMILIE, DER WIRBELWIND

Egal, ob Wind, Schnee, Regen oder Sonne,
Emilie ist eine echte Wonne!

Emilie, der Wirbelwind,
ist ein ganz besonderes Kind.

Die Augen braun, die Haare rot,
der Blick stets gen Himmel Richtung Mond.

Heute ist die Nacht ganz klar,
der Mond ist rund und scheint ganz nah.

Die Sterne leuchten und funkeln um
die Wette,
aber Emilie geht jetzt ins Bette.

Ein neuer Tag, der Himmel ist blau,
mit vielen Wolken, schau mal genau.

Manche von ihnen sind groß und hoch,
andere flach und lang,
was man da für lustige Figuren erkennen
kann.

Manche sind dunkel und andere hell,
da kommt der Blitz und es wird kurz grell!

Da hat Emilie aufmerksam die Ohren
gespitzt!
Langsam zählt sie die Sekunden, bis der
Donner folgt dem Blitz.

Das ist ganz schön laut und macht
viel Krach,
da ist gleich ihre Neugier erwacht.

Die Blitze, sie leuchten hell auf und sind
gleich wieder fort!
Nur der Donnerschall verrät ihren Ort.

MATERIAL

Emilie, Bett, dunkelblaues Jongliertuch (Nachthimmel), Sterne, blaues Jongliertuch (Himmel), graue und weiße Jongliertücher (Wolken), Blitz, Regentropfen, Sonnenstrahlen aus Tonkarton, grünes Jongliertuch (Wiese)

Was für ein Tag, ist er nicht schön?
Habt ihr schon mal so viel Regen gesehen?

„Ich zieh mir jetzt meine Stiefel an,
damit ich draußen im Matsch spielen kann!"

Rutschen, wenn's nass ist, macht riesig
viel Spaß,
es spritzt, ist schnell und man landet
im Gras.

Der Wind bläst die Regenwolken weiter
und das Wetter wird langsam wieder heiter.

Mit den ersten Sonnenstrahlen
fängt der Himmel an zu malen.

Ein großer, runder Regenbogen
berührt dort hinten gleich den Boden.

Kreuz und quer die Schmetterlinge fliegen,
da kann sie auch schön in der Sonne liegen.

Im Winter ist es manchmal kalt,
da geht Emilie gerne in den Wald.

Denn dort hat man bei Schnee und Eis
ganz besonders viel vom Weiß.

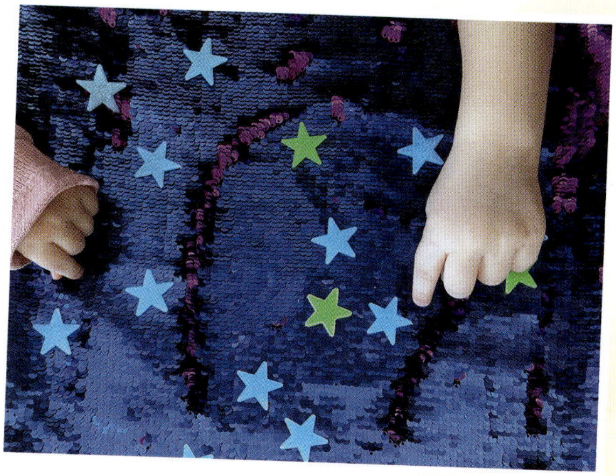

Liebe Kinder hört gut zu,
Emilie ist genau wie Du!

Sie liebt jedes Wetter, ob es stürmt
oder schneit
und ist für jedes Wetterphänomen bereit.

Achtet auf eure Kleidung und geht
stets raus,
denn das Abenteuer wartet nicht
zu Haus.

DER REGENBOGENELF ZAUBERT

Regenbogenelf Edin kann zaubern
mit Wasser und Licht.
Das schafft er, indem er Sonnenstrahlen
im Regentropfen bricht.

Seine Farben hast du bestimmt schon gesehen,
wenn sie weit oben am Himmelszelt stehen.

Ganz oben soll es rote Farbe sein,
sonst wirkt das Gesamtkunstwerk zu klein.

Darunter kommt ein Orange, so schön,
das kann man gut sehen aus verschiedenen Höhn.

In die Mitte kommen Gelb und Grün,
die bringen das Farbenspiel zum Glühn.

Noch etwas Blau, Indigo und Violett –
jetzt habe ich es fast geschafft,
das Ergebnis ist einfach traumhaft.

Du kannst ihn schon von weitem sehen
und bleibst bestimmt vor Verblüffung stehen.

MATERIAL

Elf, Papier, Stifte (rot, orange, gelb, grün, blau, violett)

Und so geht's:

Malen Sie beim Erzählen die Regenbogenfarben auf das Papier. Je öfter Sie die Geschichte erzählen, desto mehr können die Kinder involviert werden und nachher allein während des Zuhörens ihren eigenen Regenbogen malen.

SO VIELE ZAPFEN!

Im Säckchen gibt es viel zu sehn,
viele Zapfen und davon zehn.

Im Herbst siehst du überall auf den Tannenspitzen,
kleine, große, dicke und dünne hölzerne Zapfen sitzen.

Ein Schwarzkiefernzapfen leicht krumm und schief
liegt gut in der Hand und lässt sich gestalten kreativ.

Zwei Fichtenzapfen tragen die Samen eng wie ein Kamm,
dabei sind sie schmaler und lang.

Drei Tannenzapfen fallen von weit oben
auf den herrlichen Waldboden.

Vier Lärchenzapfen klein, rund und braun
hängen zuhauf am Lärchenbaum.

So viele Zapfen liegen nun hier:
Vier Lärchenzapfen, drei Tannenzapfen
zwei Fichtenzapfen und ein Schwarzkiefernzapfen
werden gefressen von so manchem Tier.

Und so geht's:

Legen Sie aus den grünen Tüchern einen Nadelbaum. Nach und nach werden die jeweiligen Zapfen aus dem Säckchen geholt, beim Rückwärtszählen werden die Zapfen gezeigt und wieder ins Säckchen gelegt.

MATERIAL

4 Lärchenzapfen, 3 Tannenzapfen, 2 Fichtenzapfen, 1 Schwarzkiefernzapfen, grüne Jongliertücher (Baum), ggf. Tierfiguren

PILZE SUCHEN MIT SPITZMAUS ANTONIA

MATERIAL

Maus, Fressfeinde (Eule, Greifvogel, Marder, Katze), Pilze (z. B. aus Fimo hergestellt oder als Foto), grünes Jongliertuch (Strauch, Wald/Wiese), braunes Jongliertuch (Baumstamm)

Antonia, die kleine Spitzmaus, hat Hunger. Ihr Magen knurrt schon ganz doll, deshalb streckt sie vorsichtig die Nase aus ihrem Nest und schnüffelt: „Schnief, schnief, schnief – ist die Luft rein?"
(An dieser Stelle antworten die Kinder mit Ja oder Nein – vielleicht ist ein Fressfeind in der Nähe?)

„Ok, die Luft ist rein! Ich weiß, wo die besten Pilze wachsen. Kommt, wir gehen welche sammeln und bringen sie in mein Nest."

Spitzmaus Antonia klettert elegant aus ihrem Nest und läuft um eine breite Rechtskurve unter einen Strauch. Dort wächst ein prächtiger Steinpilz. Antonia hält den Stiel mit beiden Pfoten fest und zieht ganz feste. Schwups, fällt sie mit dem Pilz auf den Boden. Antonia richtet sich auf, läuft den Weg zum Nest zurück und legt den Pilz hinein.

Wollen wir noch mehr Pilze sammeln?
(Kinder antworten mit Ja oder Nein, bei Nein ist die Geschichte zu Ende – nach jedem Pilz stellen Sie den Kindern diese Frage, dann geht es wieder an dieser Stelle los.)

„Schnief, schnief, schnief – ist die Luft rein?"
(Kinder antworten wieder mit Ja oder Nein)
… Spitzmaus Antonia klettert geschwind aus ihrem Nest und läuft um eine enge Linkskurve, bis sie auf eine Blumenwiese kommt. Dort wachsen zwei goldbraun schimmernde Pfifferlinge. Antonia hält den Stiel mit beiden Pfoten fest und zieht ganz feste, bis der Pilz sich aus der Erde löst. Das gleiche macht sie auch mit dem zweiten Pfifferling. Dann läuft sie den Weg zurück zu ihrem Nest und legt die zwei Pfifferlinge hinein.

… Spitzmaus Antonia klettert langsam aus ihrem Nest und läuft geradewegs auf einen alten modrigen Baumstamm zu. Dort wachsen drei dicke Steinpilze. Antonia hält den Stamm mit beiden Pfoten fest und zieht ganz feste, bis der Pilz sich aus der Erde löst. Das gleiche macht sie auch mit dem zweiten und dem dritten Steinpilz. Dann läuft sie den Weg zurück zum Nest und legt die zwei Steinpilze hinein.

Tipp

Die Geschichte kann beliebig lange mit weiteren Pilzsorten (z. B. Birkenpilze, Brätlinge, Rehpilze, Herbsttrompeten, Krause Glucke, Riesenschirmlinge, Mönchsköpfe …) fortgeführt werden.

DIE MEISE IM LAUBHAUFEN

Horcht mal, im Laubhaufen raschelt es – mal laut und mal leise!
Wer versteckt sich denn da?
Etwa *(Pause machen und Kinder raten lassen)* eine kleine Meise?

Sie hüpft unter den Blättern hin und her,
auf der Suche nach Würmern, Raupen, Käfern und Spinnen,
denn ihr Bauch ist ganz leer.

Mmmmhhh, ein paar Würmer in großer Zahl
sind ein leckeres Mahl.

Nun fliegt sie geschwind hinauf in den Baum,
von dort kann sie weit in die Umgebung schaun.

Dort siehst du sie in ihre Baumhöhle springen,
nun schläft sie, um uns morgen früh wieder ihr Liedchen zu singen.

MATERIAL

Meise, Würmer, Raupen, Käfer, Laubhaufen

Tipp

Nutzen Sie Vogelpfeifen und musizieren Sie gemeinsam mit den Kindern.

KENNST DU DIE NUSS?

Ich habe heute ein Säckchen voller Nüsse mitgebracht. Mal schauen, welche davon ihr kennt oder schon gegessen habt!

MATERIAL

Nüsse (Erdnuss, Haselnuss, Walnuss, Paranuss), Fotos oder Figuren der Tiere (Krähe, Rüsselkäfer, Haselmaus, Aguti), Nussknacker

Hier haben wir eine **Erdnuss**. Erdnüsse sind etwas Besonderes, sie wachsen unter der Erde und ihre Schale ist hellbraun. Ihr könnt mehrere Kammern erkennen. Wenn man die Nuss mit den Fingern zusammendrückt, bricht die Schale und die Nüsse können gegessen werden. Ganz viele Vögel essen sehr gerne Erdnüsse.

Die großen runden Nüsse nennt man **Walnüsse**, sie wachsen auf einem Baum und haben am Anfang noch eine dicke grüne Schale um sich, fast so wie Kastanien. Die Schale ist viel stabiler und fester als die der Erdnuss. Um sie zu knacken, braucht man einen Nussknacker. Wenn die Schale aufbricht, kann man die Walnuss daraus lösen und essen.

Wisst ihr, welche Tiere sehr gerne Walnüsse essen? Krähen! Damit sie an das Innere der Nuss kommen, haben sie sich eine schlaue Taktik überlegt: Sie fliegen mit der Nuss im Schnabel über eine Straße und lassen sie dann zu Boden fallen. Anschließend setzen sie sich in einen Baum in der Nähe und warten darauf, dass ein Auto über die Nuss fährt und sie zerdrückt. Wenn kein Autor mehr da ist, fliegt die Krähe zu der Stelle, holt sich die Nussstückchen heraus und isst sie auf.

Haselnüsse wachsen an einem Strauch. Ihre Schale ist ganz weich und glatt. Um die Schale zu knacken, braucht man auch schon etwas mehr Kraft. Dafür können wir einen Nussknacker oder unsere Ferse zum Knacken der Schale benutzen. Manchmal kann man kleine Löcher in der Haselnuss sehen, dann sollte man die Nuss liegen lassen und nicht knacken. Rüsselkäfer bohren ein Loch in die Schale und legen ihre Eier in die Nuss. Auch Haselmäuse lieben die Haselnuss.

Paranüsse wachsen auf einem Baum. Ihre Kapsel ist sehr hart und ähnelt einer Kokosnuss. Um die Schale zu knacken, braucht man sehr viel Kraft und einen Nussknacker. Die Nuss hat eine dreikantige Form und schmeckt besonders den Agutis – das sind Nagetiere, die im Regenwald leben! Sie stellen sich zum Fressen auf ihre Hinterbeine und halten die Kapselfrucht zwischen ihren Pfoten. Ihr Gebiss ist so stark, dass sie die Paranuss mit den Zähnen öffnen können.

Und so geht's:

Verwenden Sie nach Möglichkeit echte Nüsse in der Schale, die im Anschluss geknackt (Nussknacker) und probiert werden können. Das Säckchen kann mit beliebigen weiteren Nüssen und anderen Baumfrüchten befüllt werden: Cashews, Macadamia, Mandeln, Maroni, Pistazien.

Drucken Sie zu jeder Nuss ein Foto der zugehörigen Pflanze aus. Während des Erzählens können Sie die einzelne Nuss beschreiben, die Kinder können sie in die Hand nehmen und betrachten und im Anschluss wird sie geknackt und neben das entsprechende Bild gelegt.

Wenn die Kinder die Nüsse unterscheiden können, können sie auch immer abwechselnd in das Säckchen greifen, eine Nuss hervorholen und zuordnen.

WINTERFREUNDE UNTERWEGS

Maus und Waldhamster wandern durch die Nacht,
ganz leise und bei jedem Schritt bedacht.

Sie haben Hunger, sind auf Futtersuche,
vielleicht finden sie etwas zwischen den Wurzeln der alten Buche.

Sie tippeln durch den hohen Schnee,
die Maus, die stolpert, ohje, ohje!

Und plumps, da ist sie einfach weg,
von einer Ladung Schnee bedeckt.

Der Hamster ist ganz aufgeregt
und fragt sich, wie es seinem Freund wohl geht?

Doch die Maus kommt ihm zuvor:
„Freund Hamster, ich habe was entdeckt,
das war vom vielen Schnee bedeckt!"

Die Maus läuft ungesehen hin und her,
sammelt etwas, schnüffelt kreuz und quer.

Und plötzlich ragt da aus dem Boden
eine Nuss ein Stück nach oben.

Der Hamster nimmt sie gern entgegen
und reicht der Maus die Hand zum Heben.

Gemeinsam knacken sie die Nuss
und verspeisen diesen Hochgenuss.

MATERIAL

Maus, Hamster, Nuss,
Watte (Schnee), trockene
Baumrinde

DIE FLEDERMAUS HÄLT WINTERSCHLAF

Materialtipp:

Setzen Sie bei dieser Geschichte eine Fledermausfigur ein, bei der sich die Flügel bewegen. Die Fledermaus kann auf einen Holzspachtel oder einen Strohhalm geklebt werden.

MATERIAL

Fledermaus

Eine Fledermaus fliegt aufgeregt auf und ab
über den Lichtern ihrer Stadt.

Sie fliegt mal schnell und mal langsam daher,
über unseren Köpfen kreuz und quer.

Ups, jetzt haben wir sie erschreckt,
da hat sie sich gleich im Säckchen versteckt.

Hallo Fledermaus, wir sind ganz leise
und wiegen das Säckchen auf sanfte Weise.

Liebe Fledermaus, du bist wirklich brav,
wir wünschen dir einen erholsamen Winterschlaf.

Kinder-welten

GEGENSÄTZE ZIEHEN SICH AN

Wählen Sie aus der Liste zu Beginn 2 oder 3 Gegensatzpaare und die zugehörigen (Beispiel-)Gegenstände aus. Die Anzahl der Paare können Sie mit der Zeit steigern. Zeigen Sie den Kindern einen Gegenstand und besprechen Sie ihn gemeinsam. Dann wird das Gegenstück aus dem Beutel geholt.

MATERIAL

siehe Liste

- rund – eckig (Ball, Würfel)
- glücklich – traurig (Gefühlskärtchen)
- schnell – langsam (Schnecke, Rennauto)
- nass – trocken (Wasser, Sand)
- süß – sauer (Honig, Zitrone)
- voll – leer (volle und leere Flasche)
- dick – dünn (Elefant, Flamingo)
- sauber – schmutzig (sauberes und schmutziges Tuch)
- schwer – leicht (Stein, Feder)
- weich – hart (Tuch, Holzstück)
- alt – neu (alter und neuer Schuh)
- viel – wenig (Flasche mit viel und wenig Linsen)
- lang – kurz (Wollfäden)
- glatt – rau (Blatt, Rinde)

Tipp

Überlegen Sie gemeinsam noch weitere Gegensatzpaare und wie man sie darstellen könnte, z. B.: alt – jung, groß – klein, stark – schwach, dunkel – hell, heiß – kalt, gesund – krank, niedrig – hoch, hungrig – satt, nah – weit

HOKUSPOKUS ZAUBERGLAS

Heute zaubern wir aus Spaß
in diesem Säckchen klares Glas.

Zuerst leg ich mit meiner Hand
ins Zaubersäckchen rein den Sand.

Danach kommt in die feine Tasche
auch noch etwas graue Asche.

Zu guter Letzt und als Zutat geheim
kommt noch etwas Kreide hinein.

Jetzt drehen wir das Zaubersäckchen im Kreis,
die Temperatur darin wird ganz heiß.

Noch einmal schwingen wir hin und her,
das Säckchen, das wird wirklich schwer.

Und nun unter tosendem Applaus
hole ich das Glas aus dem Zaubersäckchen raus.

MATERIAL

Sand, Asche, Kreide, Glas

Tipp

Verpacken Sie die einzelnen Zutaten in Reagenzgläser oder durchsichtige Behälter. So können die Kinder die Zutaten sehen und auch anfassen oder riechen.

DAS GROSSE FARBEN-FEST

MATERIAL

dickes Papier, Wasserfarben, Wackelaugen, Filzstift, Laminiergerät

Das leuchtende Gelb lädt das strahlende Rot
in das Zaubersäckchen ein.
Sie tanzen im Säckchen, lachen und spielen Fangen –
heraus kommt ein Orange mit strahlenden Wangen.

Dann möchte das leuchtende Gelb mit dem kühlen Blau
im Säckchen Verstecken spielen.
Sie rumpeln und sie toben ganz kühn –
heraus kommt ein leuchtend kühles Grün.

Zuletzt lädt das strahlende Rot das kühle Blau
im Säckchen zum Essen ein.
Sie futtern, erzählen und schmatzen –
heraus kommt das runde Lila, kurz vorm Platzen.

Zum Schluss gehen alle Farben wieder in das Säckchen hinein,
sie feiern eine Party und wollen gemeinsam so bunt wie der
Regenbogen sein.

Und so geht's:

Malen Sie mit Wasserfarben unterschiedliche Kleckse in Gelb, Rot, Orange, Blau, Grün und Lila auf dickes Papier und laminieren Sie die Kleckse ein. Wackelaugen und unterschiedliche Gesichter machen die Kleckse noch interessanter.

Mischt man zwei Primärfarben (Rot, Gelb, Blau), entsteht eine Sekundärfarbe (Orange, Grün, Lila) – dies passiert bei dieser Geschichte. Immer, wenn zwei Primärfarben im Säckchen sind, sollte dieses passend bewegt werden, damit sich die Farben gut „mischen".

Hier bietet sich ein anschließendes Mischexperiment mit den Kindern an. Das kann mit Wasserfarben und Papier sein oder mit Wasserflaschen, in denen flüssige Wasserfarben gemischt werden.

MUSCHELN SAMMELN AM STRAND

MATERIAL

verschiedene Muscheln, Sand (alternativ: gelbes Jongliertuch), Auto, Kind, Eltern, blaues Jongliertuch (Meer)

Tanya fährt mit ihrer Familie in den Urlaub ans Meer. Sie ist schon ganz aufgeregt und hilft Mama beim Kofferpacken. Sie muss auf jeden Fall ihre Taucherbrille, den bunten Strandball und ihr Schiff, das ganz allein schwimmen kann, mitnehmen. Eimer, Schippe und Sandförmchen dürfen natürlich auch nicht fehlen.

Papa packt alle Koffer in den Kofferraum. Am späten Abend fahren die drei dann endlich los.

Tanya ist schon ganz aufgeregt. Die Autofahrt dauert einige Stunden. Am Anfang sieht sie noch die Baustellen auf der Straße und zählt die vorbeifahrenden Autos, aber irgendwann ist Tanya einfach eingeschlafen.

Als sie am Morgen vom Sonnenlicht wach wird, sieht alles schon ganz anders aus. Die Bäume sind kleiner und im Hintergrund kann sie ein paar riesige Berge sehen.
„Wir sind fast da!", sagt Mama und reicht Tanya ein Käsebrot.

Als Papa das Auto um die nächste Kurve lenkt, traut Tanya ihren Augen kaum. Überall ist Wasser und ein langer Sandstrand zieht sich endlos weit.

Papa parkt das Auto. Tanya greift nun schnell nach ihrem Eimer und läuft dann schon Richtung Strand. Eigentlich wollte sie direkt zum Wasser laufen, aber überall liegen große bunte runde Dinger rum.

Manche sind ganz groß und andere klein. Einige haben Rillen und andere sind ganz glatt. Das muss Tanya sich genauer anschauen.

„Das sind Muscheln, Schatz! Die kannst du einsammeln. Später können wir damit deine Sandburg verschönern und sie als Fenster, Zaun oder Dachziegel verwenden!", sagt Papa plötzlich und hebt eine besonders schöne große Muschel auf.

Tanya strahlt über das ganze Gesicht, geht langsam los und hält immer wieder an, um besonders schöne Muscheln aufzuheben und in ihrem Eimer zu sammeln.

Idee

Im Anschluss können Sie eine Aktionswanne mit feinem Sand, Muscheln und Sandspielzeug anbieten. Für einen extra Gesprächsanlass können Sie auch Krebstiere im Sand verstecken.

DIE PFÜTZENREGATTA

Nachdem es in den letzten Tagen so viel geregnet hat, haben sich auf dem Feldweg überall ganz kleine und sehr große Pfützen gebildet.

Jasmina und Toni sind schon ganz aufgeregt: Der Himmel ist strahlendblau, die Sonne scheint, zwei Eimer, zwei Gießkannen und zwei selbst gebastelte Boote sind schon in einem Rucksack eingepackt.

Jasmina und Toni ziehen zuerst ihre Mütze an, danach schlüpfen sie in ihren Regenanzug. Zu guter Letzt werden noch die Schuhe angezogen.

Jetzt sind die beiden bereit und machen sich auf zum Feldweg.

Schon von weitem können sie die Pfützen im Sonnenschein glitzern sehen und laufen auf sie zu.

Toni wirft einen Stein in die Pfütze. Mit einem lauten Blubb versinkt er im Wasser. Jasmina wirft einen kleinen Stock in die Pfütze, der taucht kurz ab – kommt dann aber direkt wieder an die Wasseroberfläche und schwimmt.

MATERIAL

2 Kinder (ggf. Anziehpuppen mit Mütze, Regenjacke, Gummistiefel), 2 Eimer, 2 Gießkannen, Boote, braunes Jongliertuch (Feldweg), blaue Jongliertücher (Pfützen), Stein, Stock

MATERIAL FÜR EIN BOOT

Deckel (Marmeladenglas), Stöckchen, Heißkleber oder Knete, ein Wimpel (Foto des Kindes, gemalt, gebastelt)

Die beiden gehen weiter zur nächsten Pfütze, die ist noch größer und tiefer als die erste Pfütze. Dort tauchen beide ihre Eimer in das Wasser und schütten es in die Gießkanne um. Aus der Gießkanne kippen sie das Wasser zurück in die Pfütze. Es spritzt und die beiden lachen laut.

Das macht so viel Spaß, dass Toni und Jasmina immer wieder Wasser von Eimer zu Eimer kippen. Jasmina füllt mit der vollen Gießkanne Tonis Eimer auf und der schüttet den Inhalt zurück in Jasminas Gießkanne.

In der Nähe entdecken sie eine langgezogene Pfütze, die ist perfekt für ihre Boote. Toni und Jasmina setzen ihre Boote vorsichtig auf die Wasseroberfläche. Sie pusten fest, um ihre Boote zum Fahren zu bringen.

Schon bald nutzen sie einen großen Stock, um die Boote vorsichtig anzuschubsen. Jasmina hat den Stock zu schnell und kräftig gegen ihr Boot gedrückt, da hat es gewackelt und ist fast untergegangen.

Nach einiger Zeit sind die beiden trotz Matschanzug etwas nass geworden und es wird Zeit, nach Hause zu gehen. Sie schütten das restliche Wasser aus den Eimern und den Gießkannen zurück in die Pfütze und verstauen die Sachen in ihrem Rucksack.

Zu Hause angekommen, schlüpfen sie aus ihren nassen Anziehsachen:
Toni hat sogar nasse Socken! Die zieht er auch aus und nimmt frische Socken, damit seine Füße nicht kalt werden.

Tipp

Bei Regenwetter können Sie mit den Kindern selbst die Boote basteln und die Geschichte draußen nachspielen.

WAS DUFTET DENN DA?

MATERIAL

Duftdosen mit Kräutern (Pfefferminze, Lavendel, Thymian, Basilikum, Zitronenmelisse)

Heute wollen wir eine Duftgeschichte hören, sehen und riechen.

Die **Pfefferminze** ist ein beliebtes Gewürz und schmeckt auch lecker als Tee. Die Blätter riechen nach Menthol und wirken zuerst wärmend und später kühlend und angenehm würzig.

Der **Lavendel** wird vielfältig verwendet: als Gewürz, Öl oder in Cremes. Er riecht blumig, aromatisch und süß bis scharf. Lavendelblüten schmecken leicht süßlich und werden gerne in Öl, Gebäck, Kuchen oder Butter eingearbeitet.

Thymian duftet aromatisch und sehr intensiv. Durch seine ätherischen Öle wirkt er beruhigend und wird außerdem in der Küche für Kartoffel-, Gemüse- und Fischgerichte verwendet.

Basilikum riecht süßlich-pfeffrig und wird als Würzmittel für fast alle Gerichte verwendet. Ob frisch, getrocknet, gerebelt oder in Öl eingelegt.

Die Blätter der **Zitronenmelisse** lassen sich zwischen zwei Fingern reiben, dabei wird das ätherische Öl und der typisch zitronige Geruch freigesetzt. Zitronenmelisse kann frisch für Salat, Quarkspeisen und in Getränken verwendet werden. Getrocknet wird sie für Tee und Salben verwendet.

Tipp

Beginnen Sie zunächst mit ein bis zwei Duftdosen. Die Anzahl kann immer weiter gesteigert werden. Markieren Sie die Dosen mit einem farbigen Punkt oder Streifen, sodass Sie im Säckchen nicht lange nach dem richtigen Döschen suchen müssen. Befüllen Sie immer zwei Dosen mit den gleichen Kräutern, entsteht ein Duftmemory für die Kinder.

KOMM, WIR SAMMELN ERINNERUNGEN

Julia und ihr Freund Ben spielen gerne draußen. Sie haben immer ihre Eimer dabei, denn auf ihren gemeinsamen Abenteuern sammeln sie am liebsten allerlei Sachen, die sie unterwegs finden.

Bei einem Spaziergang durch den Wald entdeckt Ben etwas: „Julia, ich sammle jetzt Stöckchen." Ben hebt ein Stöckchen nach dem anderen auf, bis der ganze Eimer bis oben gefüllt ist.

Julia und Ben stehen unter einem großen alten Baum. Überall auf dem Baum liegen seine Samen. Die sehen so lustig aus, dass sie beginnen, sie in ihrem Eimer zu sammeln.

Im Herbst laufen die beiden am Waldrand entlang. Überall liegen bunte Blätter auf dem Boden. „Schau nur, Ben!", ruft Julia. „Heute können wir Farben sammeln: Rot, Gelb, Grün, Braun …" Die beiden sammeln so viele bunte Blätter, bis der Eimer bis oben gefüllt ist.

An einem Bach in ihrer Nähe liegen ganz viele Steine und braune Muscheln am Ufer. Ben und Julia strahlen sich an: „Heute werden Steine und Muscheln gesammelt!", rufen beide voller Vorfreude.

In der Nähe ihres Kindergartens gibt es ein großes Blumenfeld, wo man die Blumen selbst pflücken darf. Julia und Ben sammeln heute Blumen und machen daraus einen großen bunten Blumenstrauß. Sonnenblumen, Dahlien und Gladiolen werden zu einem prächtigen Strauß gebunden.

Bei Julia im Garten wachsen überall Erdbeeren. Die dürfen sie pflücken, wenn sie ganz rot und reif sind. Dann schmecken sie besonders süß. Die beiden lachen: „Heute sammeln wir Erdbeeren mit unserem Bauch!"

MATERIAL

2 Kinder, grünes Jongliertuch (Wald, Wiese), kleiner Eimer, Stöckchen, Baumfrüchte (z. B. von Ahorn, Buche, Esche, Erle …), buntes Laub, Steine, Muscheln, Blumen, Erdbeeren

WIR LASSEN DEN DRACHEN STEIGEN

MATERIAL

Drachen (aus Papier), Kordel, bunte Schleifen (z. B. Haarspangen)

Heute ist es so schön windig draußen! Das ist das perfekte Wetter, um einen Drachen steigen zu lassen.

Hier in diesem Säckchen ist alles, was wir für den Bau des Drachens brauchen:
Der Drachen …

… eine lange Kordel

… und ganz viele unterschiedliche Schleifen.

Zuerst knoten wir die Kordel am unteren Ende des Drachens fest.

Nun fehlen noch die bunten Schleifen.
Die klemmen wir an der Kordel fest, dabei könnt ihr alle mithelfen.

„Julia, kannst du eine gelbe Schleife raussuchen und an der Kordel befestigen?"

„Ben, welche Farbe hat deine Schleife?"

Jetzt, wo unser Drache fertig ist, lassen wir ihn weit oben im Himmel fliegen und schauen, wie er sich im Wind hin- und herwiegt. Die Kordel mit den bunten Schleifen dreht und schlängelt sich.

Und so geht's:

Bei dieser Mitmachgeschichte basteln Sie gemeinsam einen Drachen. Je nach Gruppengröße ist es ratsam, das entsprechende Kind direkt anzusprechen, oder im Vorfeld zu bestimmen, wer wann dran ist. Achten Sie darauf, dass jedes Kind eine Schleife anbringen kann.

Der Fokus kann hier auf die Festigung der bereits bekannten Farben oder den Erwerb von neuen Farben oder Musterfolgen gelegt werden (z. B. Rot, Gelb, Rot, Gelb, Rot – welche Farbe ist jetzt dran?)

STOCKBROT AM LAGERFEUER

MATERIAL

Jongliertücher (gelb, braun für den Teig, orange, rot und gelb für das Feuer), Holzscheite, LED-Flammenlampe, Stöcke, Knete (Brotteig)

Am Lagerfeuer erzählt man sich immer die schönsten Geschichten, man singt zusammen Lieder und backt Stockbrot.

Für das Stockbrot müssen wir Mehl, Hefe, Salz und Wasser mit den Händen zu einem Teig kneten. Der Teig muss abgedeckt ein paar Minuten ruhen. Deshalb machen wir jetzt das Tuch über die Schüssel und warten.
Mehrere braune und gelbe Jongliertücher in das Säckchen geben – im Säckchen gehen die Tücher dann heimlich auseinander.

Das heißt, wir haben jetzt Zeit für ein gemeinsames Lied.
Hier können Sie z. B. das aktuelle Morgenkreis- oder ein Begrüßungslied singen.

Nun dürfte der Brotteig aufgegangen sein. Kommt, wir schauen mal nach.

Der Teig wird nun portioniert und um die Stockspitze gewickelt.
Dann halten wir die Stöcke zusammen über das Lagerfeuer und singen dabei ein Lied.
Hier kann ein weiteres Lied, z. B. das Abschlusslied des Morgenkreises, gesungen werden.

LEBKUCHEN BACKEN

MATERIAL

Filz (Teig), Nudelholz, Ausstecher, ggf. weitere Backutensilien zum Zeigen

Den Teig kneten, den Teig kneten.
Riecht das gut? Riecht das gut?
Nun den Teig ausrollen, nun den Teig ausrollen,
das wird gut, das wird gut.

Teig ausstechen, Teig ausstechen.
Jetzt ganz schnell, jetzt ganz schnell.
Wir müssen ihn noch backen, wir müssen ihn noch backen.
Knusprig braun, knusprig braun.

Teig verzieren, Teig verzieren.
Bunt und fein, bunt und fein.
Malen, kleben trocknen, malen, kleben trocknen,
verpacken im Karton, verpacken im Karton.

(Melodie: Bruder Jakob)

Materialtipp:

Bereiten Sie die einzelnen Schritte aus Filz vor. Die Kinder können den Text schnell mitsingen und lernen direkt, in welcher Reihenfolge das Plätzchen-Backen abläuft.

TAG UND NACHT

Jetzt beginnt ein neuer Tag,
die Sonne erwacht ganz zart.

Der Himmel färbt sich rosalila in den frühen Morgenstunden,
ein sicheres Zeichen, dass Tag und Nacht sind fest verbunden.

Nach kürzester Zeit ist der Himmel komplett blau,
das Licht der Sonne wird immer stärker, schau nur, schau!

Sie wärmt uns und lässt Pflanzen und Umwelt gedeihen,
ist es mal regnerisch und grau, können wir der Sonne verzeihen.

Doch spät am Abend verlässt sie den Horizont mit einem farbenfrohen Satz
und macht so dem Gesicht der Nacht, dem Mond, Platz.

Der Mond färbt den Himmel zuerst in ein Dämmergrau
und wechselt dann langsam zu Dunkelblau.

Vereinzelt erhellt ihn hier und da ein Stern,
manche von ihnen sind nah und andere leuchten von fern.

Der Mond erscheint mal als Kugel und mal als Sichel, das hat alles einen Sinn!
Mit seiner unglaublichen Kraft zieht er das Meerwasser zu sich hin.

Und rückt der Morgen näher, wechseln Mond und Sonne sich wieder ab,
was den nächsten Sonnenaufgang zur Folge hat.

MATERIAL

Jongliertücher (gelb, rosa, hellblau, dunkelgrau, dunkelblau), fluoreszierende Sterne

Stadt und Land

AUF DER BAUSTELLE

MATERIAL

2 Bauarbeiter, großer Transporter, Bauzäune, Straßenschilder, 6 Warnkegel, Autos

Auf der Baustelle ist immer viel los und immer ganz viel zu tun. Heute muss eine Straße repariert werden!

Die Bauarbeiter Stefan und Kadir haben alles, was sie zur Sicherung der Baustelle brauchen in ihrem großen Transporter. Sie haben Bauzäune, Straßenschilder, Warnkegel und Beleuchtung dabei.

Bevor sie mit der Reparatur der Straße beginnen können, müssen sie den Bereich großzügig mit Bauzäunen absichern. Dafür tragen die beiden die Zäune aus dem Transporter und platzieren sie um die gesamte Baustelle herum.

Damit die Autofahrer nicht überrascht von der Baustelle sind, stellen die beiden noch Straßenschilder und Warnkegel auf.

„Ein, zwei, drei, vier, fünf, sechs Warnkegel! Das dürfte reichen!", ruft Kadir Stefan zu. Stefan gibt den Autofahrern nun das Zeichen, dass sie die Baustelle sicher umfahren können.

Am Abend ist die Straße bereits komplett repariert und Stefan und Kadir müssen alle Gegenstände wieder ordentlich in ihren Transporter räumen.

„Sechs, fünf, vier, drei, zwei, eins" – alle Warnkegel sind da und sauber ineinander gestapelt. Im Anschluss verräumen die beiden auch noch den Bauzaun und hieven jeden Abschnitt wieder zurück auf die Ladefläche ihres Autos.

Was haben die zwei nur vergessen? Richtig, die Straßenschilder! Die werden auch wieder auseinandergebaut und ordentlich im Transporter verstaut.

So sind Stefan und Kadir auch für die nächste Baustelle gut vorbereitet und wissen, dass sie alles, was sie brauchen, dabeihaben.

AUTO, TRAKTOR, WOHNMOBIL

Im **Bus** haben viele Menschen Platz. Mit ihm fahren viele Leute zur Arbeit und Kinder in die Schule.

Mit dem **Auto** fahren viele Erwachsene zur Arbeit, in den Urlaub oder bringen ihre Kinder in den Kindergarten.

Mit dem **Wohnmobil** kann man in den Urlaub fahren. Diese Fahrzeuge haben innen eine Küche, ein Badezimmer und Betten zum Schlafen.

In einem **Anhänger** kann man unterschiedliche Dinge transportieren. Zum Beispiel Holzscheite für den Kamin oder die Rutsche für das Spielhaus im Garten.

Ein **Roller** ist kleiner und langsamer als ein Motorrad. Damit fahren viele Menschen zur Arbeit.

Das **Taxi** ist ein Auto mit vier bis neun Sitzplätzen. Ein Taxi fährt seine Gäste zum Restaurant, Flughafen oder nach Hause.

Der **Rettungswagen** ist oft mit Blaulicht und Martinshorn unterwegs, dann müssen alle anderen Fahrzeuge stehen bleiben und Platz machen, damit er schnell ins nächste Krankenhaus fahren kann.

Die **Drehleiter** ist ein wichtiges Fahrzeug bei der Feuerwehr. Die Feuerwehrleute können mit der Drehleiter ganz weit nach oben fahren und so Menschen aus gefährlichen Situationen retten.

Ein **Traktor** ist oft auf dem Feld unterwegs. Man kann unterschiedliche Zubehörteile an ihm befestigen und vielfältige Arbeiten verrichten.

Auf einem **Fahrrad** sitzt meistens nur eine Person. Besonders im Sommer sind viele Menschen mit dem Fahrrad unterwegs, fahren damit zur Arbeit oder machen eine Radtour.

Eine **Kehrmaschine** ist ein kleineres Fahrzeug mit zwei riesigen Bürsten. Damit fährt man durch alle Straßen und reinigt sie so.

Und so geht's:

Halten Sie für jedes Kind ein Fahrzeug im Säckchen bereit. Lassen Sie die Kinder nacheinander ein Fahrzeug aus dem Sack nehmen. Dieses kann benannt und mit dem entsprechenden Geräusch von der Gruppe begleitet werden. Im Anschluss wird es von dem Kind auf dem Straßenteppich platziert. Das Säckchen ist beliebig erweiterbar, zum Beispiel mit: Motorrad, Polizeiauto, Wasserwagen …

MATERIAL

Die genannten Fahrzeuge, Spielteppich

DAS ZAUBERSÄCKCHEN

Heute wollen wir zaubern, ich bin schon ganz gespannt!
Und so wird unser Zauberspruch benannt:

Abrakatam Abrakadem,
wir wollen den Zauber in der Tüte sehn!
Beim Zauberspruch mit den Händen über dem Säckchen kreisen.

Mhhhh, der Zauber wirkt wohl nicht allein!
Mit den Schultern zucken.

Dann geben wir ein paar Dinge in das Säckchen hinein:
Einen Lenker,
zwei Räder,
drei, vier, fünf Stangen kommen hinein,
das müsste jetzt alles sein.
Ach Moment, wir brauchen noch ein Licht –
für die gute Sicht.

Jetzt zaubern wir zusammen, erst laut:
Abrakatam Abrakadem
und dann leise: Abrakatam Abrakadem
und schaukeln das Säckchen auf sanfte Weise.
Laut und leise zaubern und das Säckchen schaukeln.

Nun öffnen wir das Säckchen und schauen hinein,
ein zauberhaftes **Fahrrad** kommt zum Vorschein.

Weitere Beispiele

Haus
Eine Tür, zwei Fenster,
drei, vier, fünf Steine kommen hinein, das müsste jetzt alles sein.
Ach Moment, wir brauchen noch einen Schornstein – dann fühlen wir uns wohl im Heim.

Blume
Einen langen grünen Stängel,
zwei grüne Blätter,
drei, vier, fünf Blüten kommen hinein, das müsste jetzt alles sein.
Ach Moment, wir brauchen noch etwas in Gelb – damit unser Gegenstand eine Mitte erhält.

Und so geht's:

Für das Zaubersäckchen brauchen Sie einen Gegenstand und dessen Einzelteile, die Sie in das Säckchen geben. Durch das Schaukeln und den Zauberspruch wird der Zauber aktiviert und der fertige Gegenstand kommt zum Vorschein. Dies kann beliebig umgedichtet werden.

HOCH HINAUS AUFS HAUS

MATERIAL

Bausteine

Wenn ein Hochhaus gebaut wird,
setzt man eine Etage auf die andere.
Bausteine einzeln aufeinanderlegen, bis der Turm eine sichere Höhe erreicht hat und der gewünschte Zahlenraum erreicht ist.

Unser Hochhaus hat so viele Etagen!

Wollen wir die einmal gemeinsam zählen? 1, 2, 3, 4 ...
Langsam zählen.

Oben auf dem Dach ist eine große Aussichtsplattform, von hier aus können Besucher über die ganze Stadt gucken und die Aussicht genießen.
Mehrere Figuren oben auf das Haus stellen.

Tipp

Verwenden Sie zusätzliche Holzringe und Holzkugeln, um Türme zu bauen. So können Sie auch weitere Details mit den Kindern zählen.

HEUTE GEHT'S ZUR KINDERÄRZTIN

MATERIAL

Philipp, Vater, Ärztin, bunte Blumen

Philipp ist ganz aufgeregt. Er geht heute mit seinem Papa zur Ärztin ins Krankenhaus. „Komm Philipp, zieh dich an, wir müssen gleich los, sonst kommen wir zu spät zu unserem Termin."

Philipp setzt sich auf die kleine Bank im Flur und zieht seine Schuhe an, erst den rechten, dann den linken Schuh. Jetzt fehlt nur noch die Jacke. Anziehen kann er sie schon ganz alleine, aber Papa muss helfen, den Reißverschluss hochzuziehen.

Die beiden verlassen das Haus. Philipp gibt seinem Papa die Hand und sie gehen die Straße runter.

„Bekomme ich heute wieder eine Spritze?", fragt Philipp ganz mutig.

„Nein, heute nicht", lächelt Papa ihm ermutigend zu.

Kurze Zeit später sitzt Philipp schon auf dem Behandlungstisch und Papa auf dem Stuhl daneben.

Als die Ärztin den Raum betritt, hat sie tatsächlich keine Spritze dabei – da ist Philipp aber wirklich erleichtert!

Stattdessen darf er puzzeln und sagen, welche Farben die bunten Blumen auf dem Schreibtisch der Ärztin haben.

„Das hat richtig Spaß gemacht", sagt Philipp zu seinem Papa, nachdem sie das Behandlungszimmer verlassen haben.

WIR WARTEN AUF DEN ZUG

MATERIAL

Bauklötze, Gleise, Spielfiguren (z. B. von Gesellschaftsspielen), Zug, Trillerpfeife

Am Bahnhof gibt es lange Bahnsteige *(Holzklötze aneinanderlegen)*, auf denen Frauen, Männer und Kinder *(Figuren aufstellen)* darauf warten, dass endlich ihr Zug einfährt.

Es gibt immer mehrere Bahnsteige nebeneinander *(aufbauen und laut mitzählen)*: 1, 2, 3, 4, 5 – auf allen Bahnsteigen warten Menschen auf ihren Zug. *(Figuren aufstellen)*

Neben den Bahnsteigen verlaufen die Gleise, auf denen der Zug fährt. Für jede Zugstrecke braucht man zwei Gleisseiten. *(Gleise aufbauen)*

Auf einmal bebt der Boden ganz leicht und man hört den Wind pfeifen. Da rollt der erste Zug in den Bahnhof ein und hält am Bahnsteig an. Die Türen gehen auf, ein paar Menschen steigen aus und viele, die bis jetzt auf dem Bahnsteig gewartet haben, steigen ein. Die Türen schließen sich, der Zugschaffner pfeift und der Zug rollt davon.

Schon wieder beginnt der Boden leicht zu beben und man hört den Wind pfeifen. Da rollt der zweite Zug in den Bahnhof ein und hält am Bahnsteig an. Die Türen gehen auf, ein paar Menschen steigen aus und viele, die bis jetzt auf dem Bahnsteig gewartet haben, steigen ein. Die Türen schließen sich, der Zugschaffner pfeift und der Zug rollt davon.

Ein weiteres Mal beginnt der Boden leicht zu beben und man hört den Wind pfeifen. Da rollt der dritte Zug in den Bahnhof ein … *(beliebig oft wiederholen)*

Tipp

Die Bahngleise können mit farbigen Bauklötzen gelegt werden und jedes Kind bekommt im Vorfeld eine farblich passende Spielfigur, die es dann aufstellen darf.

Beim Aufbauen der Bahnsteige wählen Sie eine beliebige Anzahl von Bahnsteigen, so können Sie bei jedem Erzählen die Anzahl der Bahnsteige erhöhen und den Zahlenraum der Kinder erweitern.

AM FLUGHAFEN IST WAS LOS

Auf dem Flughafen ist immer viel los. Dort gibt es viele Landebahnen und einen großen Turm. Von dort oben kann man den ganzen Flughafen sehen.

Gerade ist ein Flugzeug im Landeanflug. Es sinkt immer weiter Richtung Boden, bis es auf der Landebahn ankommt, feste abbremst und zum Stehen kommt.

Auf der anderen Seite macht sich ein Flugzeug für den Start bereit. Es fährt langsam Richtung Startbahn und beginnt zu fahren. Immer schneller und schneller, bis es die Flugzeugnase nach oben streckt und hinauf in die Wolken fliegt.

Das Flugzeug macht eine Linkskurve.

Dann macht das Flugzeug eine Rechtskurve.

Bis es komplett über der Wolkendecke ist und wir es nicht mehr sehen können.

MATERIAL

Flugzeug, Flughafenspielzeuge (Turm, Landebahn, ...), Spielfiguren

Idee

Legen Sie ein Reiseziel fest und gestalten Sie zum Beispiel eine Insel, auf der das Flugzeug wieder landet. Hier können Sie auch die Urlaubsziele der Kinder aufgreifen.

DIE ZUCKERRÜBEN-ERNTE

MATERIAL

Zwei Figuren, Erntefahrzeug, braunes Jongliertuch (Acker), Rüben

Im Herbst wird es Zeit, die Zuckerrüben zu ernten. Dafür fahren Bauer Stefan und Bäuerin Halina mit zwei großen Erntefahrzeugen auf das Feld.

Jeder von ihnen fährt einen Roder: Beim Fahren über das Feld gräbt er die Zuckerrüben automatisch aus der Erde aus und befördert sie selbstständig auf die Ladefläche.

Halinas Roder ist schon voll und ein großer Berg Zuckerrüben ist auf der Ladefläche zu sehen. Sie fährt an den Rand des Feldes und kippt die Rüben auf den Boden. So entsteht ein großer Rübenberg und es liegt ein erdiger Geruch in der Luft.

Nachdem ihre Ladefläche wieder leer ist, fährt sie die nächsten Reihen auf dem Feld ab und erntet erneut Zuckerrüben.

Auch Stefans Roder ist voll. Er fährt mit dem großen Gefährt vor den Zuckerrübenberg von Halina und lädt seine Zuckerrüben ab. So entsteht ein zweiter hoher Berg voller Zuckerrüben.

Am Feldrand bleiben viele Leute stehen und beobachten Stefan und Halina bei der Ernte. Alle atmen tief ein, dieser erdige Geruch ist wirklich etwas ganz Besonderes!

Idee

Sie können die Geschichte noch erweitern, zum Beispiel durch einen LKW, der die Rüben abholt.

Rüben gibt es in verschiedenen Sorten und Größen. Bringen Sie ein paar Varianten mit, die von den Kindern zum Beispiel aus einem Eimer mit Erde gezogen, gereinigt und anschließend verzehrt werden können.

GUTEN MORGEN AUF DEM BAUERNHOF

MATERIAL

Kühe, Hahn und Hühner, Schweine, Katzen (ggf. weitere Bauernhoftiere), Bauernhofspielzeuge (Traktor, Zäune, Ställe, Heuballen ...), braunes Jongliertuch (Suhle)

Pünktlich zum Sonnenaufgang wird Bauer Heinz vom Hahn geweckt. Es wird Zeit, die Tiere auf dem Hof zu versorgen. Alle haben Hunger und wollen frühstücken.

Nachdem Bauer Heinz sich fertig gemacht hat, geht er zuerst in den Kuhstall, dort begrüßen ihn die Kühe *(muhen)* und stürzen sich sogleich auf das saftige Heu.

Danach geht Bauer Heinz zum Hühnerstall und öffnet die Tür. Unter lautem Gegacker *(gackern)* stürmen die Hühner aus ihrem Stall und scharren mit ihren Füßen die Erde auf der Suche nach Insekten auf.

Als Nächstes geht Bauer Heinz zu den Schweinen. Auch hier öffnet er das Tor, sodass die Schweine *(grunzen)* direkt Richtung Schlamm stürmen, um sich ausgiebig in ihm zu suhlen.

Zu guter Letzt öffnet Bauer Heinz das große Scheunentor, damit er später seinen Traktor rausfahren kann. In der Scheune liegen ganz viele Strohballen auf denen ein paar Kätzchen Fangen spielen *(miauen)*.

Jetzt ist auch Zeit für mein Frühstück, denkt Bauer Heinz und geht zurück ins Haus.

Tipp

Diese Geschichte eignet sich besonders gut für den Morgenkreis. Fragen Sie die Kinder, welches Tier als Nächstes geweckt wird und erweitern Sie die Liste der Tiere beliebig (z. B. Pferde, Schafe, Gänse, Hasen, Esel, Ziegen ...). Beim Erzählen können Sie an der entsprechenden Stelle auch die Originalgeräusche der Tiere abspielen und daraus ein Ratespiel mit den Kindern gestalten.

DER ANGELAUSFLUG

MATERIAL

Spielfigur, Boot, Angel, kleine Dose, Kescher/Netz, Eimer mit Deckel, blaues Jongliertuch (See)

Onkel Enco möchte heute mit seinem Boot raus auf den See fahren. Er hat an alles gedacht und seine Sachen gepackt, er nimmt
… seine Angelrute,
… eine Dose voll Würmer – als Köder,
… einen Kescher,
… und einen großen Eimer mit Deckel mit.

Mit seinem Boot fährt er raus auf den See. Er steckt einen Wurm auf den Haken und wirft seine Angel weit aufs Wasser hinaus und wartet.

Als Angler muss man ganz still sein und man darf keine hektischen Bewegungen machen. Außerdem braucht man ganz viel Geduld, denn manchmal beißt einfach kein Fisch an.

So vergeht eine ganze Weile, bis plötzlich die Schnur von der Rolle verschwindet. Jetzt heißt es: Ruhe bewahren! Enco hält die Rute sicher fest und beginnt damit, die Schnur wieder aufzurollen.

Wird er es schaffen? Wird am Ende ein Fisch oder nur ein Schuh am Haken hängen?

Nun ist die Schnur schon fast aufgerollt und man sieht den Fisch aus dem Wasser springen.

Mit dem Kescher holt Enco den Fisch aus dem Wasser. Mit einer Zange löst er den Haken aus seinem Mund und betrachtet den Fisch.

Er schaut sich den Kopf, die Augen und die Kiemen an. Es ist ganz wichtig, dass der Fisch gesund und frei von Verletzungen oder Parasiten ist.

Dieser Fisch sieht sehr gut aus, seine Schuppen glitzern im Sonnenschein. Enco gibt den Fisch in den Eimer.

Nun bestückt er den Haken wieder mit einem Wurm und wirft die Angel erneut raus und wartet. Wird er noch ein weiteres Mal Glück haben?

Und so geht's:

Am Ende können die Kinder mit Ja oder Nein antworten: Wenn Enco erneut Glück hat und einen weiteren Fisch fängt, können Sie den Abschnitt von der Landung des Fisches wiederholen.

AUS GRAS WIRD HEU

Damit die Tiere von Bauer Ivo das ganze Jahr genug zu fressen haben, muss er einen großen Vorrat an Heu in seiner Scheune anlegen.

Heute zeigt er uns, wie er das macht. Mit seinem Traktor fährt er über das Feld, auf dem das Gras wächst. Dabei mäht der Anhänger die Grashalme ab und schleudert sie rechts und links auf die Seite.

Das macht er so lange, bis das gesamte Feld abgemäht ist. Das Gras bleibt nun vier bis fünf Tage liegen und trocknet in der Sonne. Dabei wendet Bauer Ivo es einmal, damit es gut trocknen kann.

Nun wird das getrocknete Gras zusammengetragen und gebunden, um es später in der Scheune besser lagern zu können. Dafür nutzt Bauer Ivo eine Ballenpresse. So liegen nach einiger Zeit viele runde Heuballen auf dem Feld.

Als Nächstes sammelt Bauer Ivo die Heuballen ein, lädt sie auf einen großen Anhänger und transportiert sie in seine Scheune. Dort werden sie abgeladen und gestapelt.

Nun freuen sich die Kühe, Schafe und Ziegen von Bauer Ivo, denn sie bekommen jeden Tag etwas von dem Heu aus der Scheune.

MATERIAL

Tierfiguren, Traktor, Bauer, Styroporplatte mit grünen Pfeifenputzern (Wiese), Heuballen

ES IST KÜRBISZEIT

Bäuerin Babsi bereitet ihr Kürbisfeld für die Aussaht vor. Zuerst muss sie das ganze Feld umgraben, damit die Erde schön locker ist.

Anschließend sammelt Babsi alle Steine vom Feld ein und entfernt das Unkraut.
Bevor sie die Samen in die Erde drücken kann, mischt sie noch etwas Kompost unter die Erde. Kompost besteht zum Beispiel aus Gemüseresten, Eierschalen, Tee- und Kaffeesatz.

Wenn sie mit dem Untergraben fertig ist, kann man den Kompost gar nicht mehr erkennen.

Nun beginnt die Aussaat. Babsi drückt jeden Kürbiskern einzeln in die Erde, sodass dieser nachher komplett in der Erde verschwunden ist. Sie achtet darauf, dass sie immer ungefähr den gleichen Abstand zwischen den Kernen einhält und immer in einer Reihe pflanzt. Dann haben die Pflanzen beim Wachsen genug Platz und Babsi hat Wege zum Laufen im Feld.

Nachdem auch das letzte Samenkorn in der Erde steckt, begießt Babsi jede Reihe mit Wasser. Nun heißt es warten.

Nach einigen Tagen kann Babsi bereits die ersten kleinen grünen Triebe in der Erde entdecken. Sie achtet darauf, dass die Jungpflanzen genug Wasser bekommen. Jeden Tag schaut sie nach dem Rechten und verfolgt das Wachstum.

Nach einigen Wochen sind die Pflanzen schon richtig groß geworden. Sie schlingen sich weit über den Boden, haben große Blätter und bekommen wunderschöne gelb-orangefarbene Blüten.

MATERIAL

braunes Pannesamttuch (Feld), Steine, grüne Filzstreifen (Unkraut), Kürbissamen, Blätter aus Filz oder Tonkarton, Kürbisse

Jetzt beobachtet Babsi ganz oft, wie Bienen in die Blüten reinfliegen und kurz darauf mit gelbem Staub bedeckt wieder herauskommen und weiterfliegen.

Allmählich kann Babsi den Kürbissen beim Wachsen zusehen. Eine Blüte nach der anderen entwickelt sich zum Kürbis.
Bis in den Herbst hinein kann Babsi nun immer wieder Kürbisse ernten und stellt daraus leckere Gerichte her: Kürbisbrot, Kürbissuppe, gebackener Kürbis aus dem Ofen, Kürbispita und Kürbispudding schmecken Babsi am allerbesten.

Idee

Gestalten Sie ein Säckchen im XXL-Format und nutzen Sie die Geschichte als Einstieg und Begleitung für ein Pflanzprojekt.

In dieser Reihe sind bereits erschienen:

Alle meine Sinne
Die schönsten Wahrnehmungsspiele für Krippenkinder
ISBN: 978-3-96046-087-9

Die besten Bewegungsspiele für Krippenkinder
ISBN: 978-3-96046-088-6

Die schönsten Rituale für Krippenkinder
ISBN: 978-3-96046-172-2

Die schönsten Fingerspiele & Bewegungsreime für Krippenkinder
ISBN: 978-3-96046-090-9